대학생을 위한
정신건강 수업

대학생을 위한
정신건강 수업 ———

이운영
지음

"내가 나약한 사람인가?
이 정도도 적응하지 못하면
앞으로 어떡하지?"

"나약하여 힘든 게 아니에요.
실은 괜찮아 보이는 사람조차도 스트레스를 받고 있거든요.
스트레스는 다루는 거예요. 제대로 알고 한번 해봐요."

뜨인돌

이 책을 펼친 여러분, 반갑습니다. 저는 대학교에서 정신건강이라는 교양과목을 가르치고 있습니다. 정신건강은 최근 들어 많은 사람이 관심을 가지는 주제입니다. 그러다 보니 학생들은 수강 신청이 어려워 오히려 정신을 건강하지 못하게 하는 과목이라고 우스갯소리를 하기도 합니다.

수업은 과목 이름처럼 정신건강이 무엇인지 설명하면서 시작합니다. 건강하다는 것은 무엇일까요? 건강하다는 것은 어떤 상태일까요? 이에 대한 답으로 제 수업에서는 **세계보건기구**(WHO, 1948)에서 제안한 건강에 대한 정의를 소개합니다. 세계보건기구는 이미 오래전에 다음과 같이 건강을 정의하였습니다.

질병이 없거나 허약하지 않을 뿐만 아니라
신체적, 정신적, 사회적으로 완전히 안녕한 상태[01]

질병이 없거나 허약하지 않아야 하고, 완전히 안녕한 상태를 건강한 것이라 합니다. 더 나아가 신체적인 부분, 정신적인 부분, 사회적인 부분이 모두 건강해야 한다고 합니다.

완전히 안녕한 상태란 무엇일까요? '완전'이나 '안녕'과 같은 추상적인 개념을 모든 사람이 똑같이 이해하기는 쉽지 않습니다. 그래서 먼저 신체적으로 안녕한 상태를 예로 들어봅니다.

01   A state of complete physical, mental and social well-being and not
      merely the absence of disease or infirmity.

몸이 허약하거나 병이 있어서 일상생활이 원활하지 못한 상태, 몸이 허약하지 않고 병도 없어 일상생활을 무난하게 하는 상태, 몸에 병이 없을 뿐 아니라 보통의 또래보다 매우 튼튼한 상태를 생각해봅시다.

제가 어릴 적엔 아프지 않으면 건강하다고 생각하는 사람들이 많았습니다. 질병으로 고생하는 사람들이 많았고, 치료받지 못하고 죽음에 이르는 경우도 흔했습니다. 그래서 아픈 곳이 없다는 것만으로도 다행이었습니다. 허약하지도, 아프지도 않아 일상생활을 잘하고 있다면 건강하다고 하였습니다.

시간이 흐르고 기술의 발전 덕분에 지금의 우리 삶은 많이 변했습니다. 우리 사회 구성원들의 체격과 체력은 예전과 달라졌습니다. 심지어 보통의 젊은이보다 탄탄한 근육을 자랑하는 노인들도 종종 볼 수 있습니다. 남녀노소를 떠나 근육질의 몸을 추구하는 사람들이 많아졌습니다. '몸짱'이라는 단어를 모르는 사람이 있을까요? '홈 트레이닝', '홈트족'이라는 단어도 생겨났습니다. 몸짱이 되기 위해 노력하는 사람들을 어디서든지 볼 수 있는 사회가 되었습니다. 이제 사람들은 무탈하기만 한 것이 아니라 우리 몸의 기능을 최대로 끌어올리는 것을 당연하게 여깁니다. 튼튼한 몸을 만들어 병을 예방하고자 하기도 합니다. 신체 건강에 관한 생각이 바뀐 것이지요.

이제 정신적으로 안녕한 상태를 생각해봅시다. 우리 사회의 많은 사람이 몸의 건강은 물론 **정신**(마음)**건강**에 관심 가지고 있습니다. 마음을 돌볼만한 생활의 여유가 생긴 것일까요? 아니면 마음이 너무 힘들기 때문일까요? 어쨌든 정신적으로 건강하다는 것은 어떤 의미일까요? 세계보건기구가 제안한 건강을 다시 생각해봅시다.

- 정신이 건강하지 못해 일상생활이 원활하지 못한 상태
- 정신이 건강하여 일상생활을 무난하게 하는 상태
- 정신이 건강할 뿐 아니라 일상이 즐겁고 더 나아가 의미 있는 인생을 찾는 상태

정신적으로 안녕한 상태는 어느 것일까요? 세 번째라고 할 수 있습니다.

정신적으로 건강한(아프지 않은, 문제가 없는) 것을 넘어 마음

이 즐겁습니다. 즐거운 마음은 일상의 활동에 적극적으로 참여하는 삶을 살게 하고, 그 속에서 자신의 강점과 잠재력을 알아차리게 합니다. 강점을 바탕으로 자신이 가진 선한 잠재력을 실현하는 과정은 삶에 의미를 부여합니다. 이런 상태를 바로 정신적으로 안녕한 상태라고 할 수 있습니다.

물론 대학생들이 삶에 의미를 부여하는, 즉 살아가는 이유를 알아차리는 그런 성숙한 단계까지 이르기는 쉽지 않습니다. 아직 어리니까요. 그것은 어른들의 몫입니다. 대학생인 여러분은 그런 어른이 되어가는 중입니다.

신체적으로 건강한 상태를 위해 운동이 필요하듯이 정신적으로 건강한 상태를 위해 무엇이 필요할까요? 대학생인 여러분이 할 수 있는, 해야만 하는 것은 바로 자신 안에 있는 잠재력과 강점을 발달시키는 것입니다. 그러기 위해서는 즐거운 마음으로 적극적인 삶을 살면 됩니다. 그런데 그게 말처럼 쉽게 잘 안되기도 합니다. 운동이 필요하다는 것을 알지만, 운동하고 싶지만, 잘 안되는 것처럼요.

왜 그럴까요? 나만 그럴까요? 저의 정신건강 수업은 바로 그 부분으로 이어집니다. '나'라는 사람이 어떻길래 마땅할 때도 있지만, 그렇지 않을 때도 있는 걸까요. 정신건강의 주체가 되는 '나'라는 존재에 대해 탐색합니다. 나? 나에 대하여 생각해보았나요? 혼자 사는 세상이 아니기에, 우리는 나와 타인을 구별할 수 있게 되면 당연히 '나'라는 존재에 대해 생각할 수밖에 없습니다. 그리고 몸이 자라고 머리가 굵어지면서 자연스레 나에 대하여 생각하게 됩니다. 게다가 세상도 가만히 두지를 않습니다. 지금까지 자기를 소개해본 적이 몇 번 있었나요? 개인에 따라 정도의 차이가 있을 뿐 삶의 과정들 속에서 자기에 대한 이해와 인식은 커갑니다.

심리학에서는 '나', '자신'에 대해 생각하는 모든 것을 **자기개념** 또는 **자기감**이라고 합니다. 자기개념은 자신뿐 아니라 다른 사람들에 대한 관점, 감정, 그리고 행동 방식에 강력한 영향을 미칩니다. 때문에, 인생을 살아가는 동안 자신에 관한 생각은 우리에게 매우 중요합니다. '인간은 왜 그렇게 행동할까?'라는 물음에 답을 찾는 심리학자들이 가장 많이 연구하는 주제가 바로 '자기'인 이유도 그 때문이죠. 자기 탐색과 정신적으로 안녕한 상태를 만드는 방법은 대학생을 위한 정신건강 수업 다음 편에서 소개합니다.

저의 정신건강 수업은 '나'라는 존재에 대한 탐색을 통해 지금의 나를 이해하려 한 후, 나 자신이 겪는 스트레스와 그

스트레스를 다루는 방법, 즉 대처에 관한 내용으로 이어집니다. 정신건강과 스트레스는 떼려야 뗄 수 없으니까요. 스트레스를 잘 다룬다면, 즐거운 일상을 만들 가능성이 커집니다. 그리고 마음이 건강해질 수 있습니다.

수업을 듣는 학생 중에는 신입생이 많습니다. 신입생들은 자신을 둘러싼 환경의 격변을 맞는다고 해도 과언이 아닙니다. 집을 떠나 낯선 사람들과 부대낍니다. 기숙사 생활을 하게 될지도 모릅니다. 성장 환경이 다른 사람과 좁은 공간에서 함께하는 상황은 누구나 힘듭니다. 자신만의 원룸에서 살아도 유쾌하지 않을 수도 있습니다. 밥과 빨래를 혼자해결해야 하고, 잠시라도 청소를 미루면 발 디딜 곳이 없어집니다. 공부는 당연히 열심히 해야 합니다. 과제도 제때 제출해야 합니다. 내가 선택한 수업들이지만 낯설기도 합니다. 수업시간표에 따라 일상을 맞춰야 합니다. 그렇게 독립하고싶었는데 누군가가 챙겨주면 좋겠습니다. 이 모든 것들은 젊은 날의 도전이라는 묵직한 단어로 불립니다. 이렇듯 대학생활은 스트레스를 유발하는 다양한 상황들로 시작됩니다.

학년이 올라가면, 익숙해지는 것만큼이나 새로운 과업

이 다가옵니다. 당연히 받아들여야 한다고 하지만, 힘들어하는 학생들도 의외로 많습니다. 어쩌면 자괴감에 빠지는 학생들도 있을지 모릅니다. '남들은 별 어려움 없이 적응하는 것 같은데 난 왜 이러지?' '내가 나약한 사람이라 그런가?' '이 정도도 적응하지 못하면 앞으로 어떡하지?' 이런 생각을 할지도 모릅니다. 젊은 날 내내 고민은 계속될 수도 있습니다. 그런데 그런 학생이 있다면 말해주고 싶습니다. 전혀 나약한 게 아니라고. 괜찮아 보이는 사람들도 실은 스트레스를 받고 있다고.

모두가 받는 스트레스인데 왜 사람마다 다르게 느껴질까요? 인간에 대해 이해하기 위해서는 타고난 본성, 살아온 날들과 환경, 그리고 지금 처한 상황을 모두 고려해야 합니다. 그러다 보니 누군가를 온전히 이해한다는 것은 그 사람 안에서 살아보지 않고는 어렵습니다. 누군가가 힘들어할 때 어디선가 들어본 짧은 지식으로 하는 위로가 도움이 되지 못했던 데에는 이유가 있었던 거죠. 도움이 되려는 의도와 전혀 다른 결과로 이어지기도 합니다. 우리는 그렇게 단순하지 않습니다. 하지만 우리는 같기도 합니다. 삶의 무게를 견디고 있죠. 나를 돌아보고, 삶의 무게를 이해하고, 삶에 다가가는 길에 함께 서 있습니다.

어떤 길로 가야 하는지는 저도 모릅니다. 당신 안에서 무엇이 반짝이고 있는지요? 그것은 당신만이 압니다.[02] 다만 그 길을 조금이나마 잘 지나가게 할 방법이 있어서 이 책을 씁니다. 이 책은 스트레스를 없애는 방법을 알려드리지 않습니다. 스트레스를 이해하고 스트레스의 농도를 낮추는 방법을 알려드리고자 합니다. 옅어진 농도만큼 우리는 여유를 찾을 수 있습니다. 그 여유는 나에 대한 탐색을 이어갈 수 있게 해줍니다. 넘어져도 툭툭 털고 다시 일어나게 해줄지도 모릅니다. 스트레스를 마주 보게 하는 용기를 줄지도 모릅니다. 스트레스는 앞으로 살아가는 동안 더 다양한 모습으로 다가옵니다. 더하면 더했지 덜하지도 않습니다. 젊으니까요. 그렇다고 젊으니까 무조건 힘들어도 된다는 건 아닙니다. 젊으니까 앞으로 지나갈 인생의 과업이 많다는 의미입니다.

---

02 자기실현이라고도 합니다. 저의 수업에서는 셀리그먼이 제안한 성격강점에 대해 알아봅니다. 내 안에 어떤 좋은 특성이 있는가에 대한 탐색입니다. 이를 바탕으로 무엇이 되는 것이 중요한 것이 아니라 어떻게 살아가야 하는가에 대하여 생각해봅니다. 이 부분은 대학생을 위한 정신건강 수업 다음 편에서 소개합니다.

그런 여러분에게 스트레스를 관리하는 데 도움이 되는 여러 가지 방법들을 소개하고자 합니다. 그리고 수업에서 사용한 **내편하기**를 소개하려고 책을 씁니다. 내편하기에 대한 설명과 내용은 4부에 있습니다. 이 책을 읽는 여러분은 내편하기를 실제로 해보시기 바랍니다. 그리고 여유 있게 대처하며 스트레스와 무난하게 지냈으면 좋겠습니다.

스트레스에 대한 지식이 있는 분들은 4부 내편하기 부분만 보아도 됩니다. 하지만 자신의 스트레스를 얕보거나, 그저 자기 하기 나름이라고만 생각한다면, 1부의 스트레스의 자기소개서부터 읽어보는 것도 괜찮습니다.

2부

스트레스
평가와
자원

3부

스트레스
대처

4부

내편하기

에필로그 : 삶의 의미는 찾을 수 있을까?

◇◇◇◇◇

1부

스트레스 :
자기소개서

스트레스를 받았을 때 우리의 몸은 ①
: 소진될지도 몰라

여러분, 스트레스는 있어야 좋을까요, 아니면 없어야 좋을까요? 제가 학생들에게 물어보면 대부분 '적당히 있는 것이 좋습니다'라고 답하더군요. 10여 년 전만 해도 이런 질문을 하면 없는 것이 훨씬 낫다고 말하는 사람들이 많았습니다. 사람들이 변한 것일까요? 아닙니다. 스트레스를 어떻게 정의하고 설명하는가에 따라 사람들의 대답이 달라집니다. 우리는 스트레스에 대해 많이 알게 되었습니다.

Strictus 혹은 Stringere. 이 단어는 스트레스의 어원이 되는 라틴어입니다. Strictus는 '꽉 죄는, 팽팽한', Stringere

는 '팽팽하다'는 의미입니다. 수업시간에 **스트레스**(stress)를 뭐라고 번역하는지 물어봅니다. 그러면 '응력'이라고 대답하는 이공계열 학생들이 있습니다. 압력(pressure)은 쉽게 접해본 단어이지만 응력은 조금 생소합니다.

　잠깐! 읽기를 멈추고, 압력과 응력 두 단어를 검색해봅시다. 스트레스라는 용어가 쉽게 이해될 것입니다. 물리학 백과에는 스트레스를 '외부에서 힘이 가해질 때 물체 내부의 이웃하는 구성요소 사이에 작용하는 힘'이라고 정의합니다. 여기서 알 수 있듯이 스트레스는 이미 물리학 용어로 쓰이고 있었습니다. 그렇습니다. 스트레스는 분명 물리적인 현상입니다.

　그렇다면, 우리가 일상에서 사용하는 스트레스라는 용어는 구체적으로 어디에서 비롯되었을까요? 1930년대 초 캐나다 맥길대학에 **셀리에**(Hans Selye)라는 생리학자가 있었습니다. 생리학은 생물체의 '기능'을 연구하는 과학의 한 분야입니다. 그 시절 많은 사람이 호르몬 연구에 몰두하고 있었습니다. 셀리에도 예외는 아니었죠. 당시 호르몬은 미지의 영역이었습니다. 우리의 몸에서 분비되는 수많은 호르몬의

이름과 기능들이 밝혀지고 있었습니다. [03]

셸리에가 호르몬 연구를 이어가던 어느 날, 옆 실험실의 한 연구자가 동물의 난소에서 특정 물질을 분리해냈습니다. 그 물질에 관심을 가진 셸리에는 신체에 어떻게 작용하는지 알아내기 위해 쥐들을 대상으로 실험을 진행하였습니다. 셸리에는 난소에서 분리해낸 물질을 매일 쥐들에게 주사하며 변화를 관찰했습니다. 결과는 어땠을까요? 쥐들은 부신이 커졌고, 면역조직들이 위축되었으며, 심지어 궤양까지 생겼습니다.

시름시름 앓는 쥐들을 보면서 셸리에는 아마도 여러 감정이 교차하였을 것입니다. 쥐들에게 미안하기도 하고, 고맙기도 하고, 그리고 무엇보다도 자신이 새로운 호르몬을 발견했다는 기쁨을 주체하지 못했을 겁니다. 그럴 수밖에요. 과학자에게 새로운 발견은 그 무엇과도 바꿀 수 없는 영광입니다. 그 발견을 증명으로 완성한다면, 역사에 이름을 크게 남

---

03 F.G. Banting와 J.J.R. Macleod는 인슐린 호르몬 발견으로 1923년 노벨 생리의학상을 받았습니다. E.C. Kendall, P.S. Hench과 T. Reichstein은 부신피질 호르몬 발견 및 그 구조와 생물학적 작용 발견으로 1950년 노벨 생리의학상을 받았습니다.

길 수 있습니다. 이제 남은 건 이 발견을 검증하는 것이었습니다.

셀리에는 자신이 발견한 호르몬이 부신과 면역에 영향을 주는 물질이라고 확신하였습니다. 비교하기 위하여 또 다른 쥐들에게 식염수를 투여하였습니다. 만약 식염수 주사를 맞은 쥐들에서 난소추출물 주사를 맞은 쥐들과는 다른 상태, 즉 부신의 변화가 없고, 면역조직들이 위축되지 않으면서, 궤양도 생기지 않는다면, 이 호르몬은 분명히 몸에 나쁜 영향을 초래한다고 발표할 수 있게 됩니다. 다른 누구도 아닌 셀리에 본인이 최초로 말이죠.

하지만…, 안타깝게도 식염수 주사를 맞은 쥐들도 난소추출물 주사를 맞은 쥐들과 비슷한 반응을 보였습니다. 그럴리가 없다고 생각한 셀리에는 거듭 실험을 했지만, 별다른 차이를 발견할 수 없었습니다. 설마, 식염수도 그 물질만큼 몸에 안 좋았던 것일까요? 여러분 중에 오늘도 식염수를 사용한 분이 꽤 있지요? 렌즈를 담가 놓는다든지, 비염 치료를 위해 코를 세척 한다든지. 우선 걱정하지 않아도 된다는 말씀을 전합니다. 식염수는 아무런 문제가 없기에 오늘도 우리가 사용하고 있으니까요.

셀리에의 이야기로 다시 돌아옵시다. 우리는 무엇인가를 받았다가 빼앗기면 기분이 더욱 안 좋아집니다. 셀리에도 마찬가지였습니다. 심지어 빼앗긴 건 역사에 남을 만한 업적이었습니다. 억장이 와르르 무너졌을 겁니다. 하지만 그것은 과학자의 숙명입니다. 새로운 발견은 쉽지 않습니다. 셀리에도 그것을 알고, 마음을 추스르고 다른 호르몬을 찾는 도전을 계속하였으리라고 추측됩니다. 하지만 그 전에 궁금한 것이 하나 생겼습니다. '왜, 모든 쥐의 몸에 변화가 생겼을까?' 분명히 처음에는 건강했던 쥐들이었는데 말입니다. 셀리에는 관점을 바꿔 생각했습니다.

그렇다면 두 집단의 쥐들이 공통으로 경험한 것은 뭐였지?

돌이켜보니, 자신이 쥐를 다루는 데 무척 서툴렀다는 사실을 깨달았습니다. 쥐들에게 주사를 놓을 때마다 한바탕 소동이 일어났었습니다. 쥐를 놓치기는 기본이고, 놓친 쥐를 다시 잡느라 실험실은 난장판이 되는 게 일상이었습니다. 꿈틀거리며 온몸으로 반항하는 쥐에게 한 번에 주사를 놓기가 쉽지 않았을 테지요.

쥐들의 상황에서 잠깐 생각해봅시다. 우리가 아픈 몸을 이끌고 주사를 맞으러 병원에 갔는데, 간호사가 혈관 핏줄을 제대로 찾지 못하고 몇 번이고 팔을 찌른다면 어떨까요? 상상이 가시나요? 셀리에의 쥐들은 어땠을까요? 살만한 곳이 못 되는 곳에서 죽자 살자 도망쳤으나 다시 붙잡힙니다. 그리고 누군지도 모르는 거대한 생명체에게 억지로 주사를 맞습니다.

셀리에는 자신이 쥐들을 못살게 굴었다는 걸 깨달았습니다. 이왕지사 그리된 거. 그는 쥐들을 다양하게 못살게 굴기로 맘을 먹었습니다. 그는 다양한 조건에 쥐들을 두고 관찰하기 시작했습니다. 한겨울 연구소 지붕에 쥐들을 올려놓는가 하면, 다른 쥐들은 뜨거운 보일러실에 두었습니다. 또 다른 쥐들에는 일부러 상처를 내고 치료하기를 반복했습니다. 심지어 강제로 운동을 시키기도 하였습니다. 그 결과는 셀리에가 바라던 예상과 일치했습니다. 쥐들은 부신이 커지고, 면역조직들은 위축되었으며, 궤양이 생기는 신체의 변화를 보였습니다. 그는 이 사실을 1936년 저명한 과학 저널 **네이처**에 발표합니다.

손상을 입히는 자극의 유형과 무관하게 전형적인 증상들이 나타난다. 이 증후군은 전반적으로 개체가 자신을 새로운 상태에 적응시키려는 일반화된 노력을 나타낸 것처럼 보인다. 그러므로 이와 같은 상태를 일반적응증후군(GAS, General Adaptation Syndrome)으로 불러도 무방하다.

얼마 지나지 않아 이 증상은 물리학 용어였던 스트레스(외부에서 힘이 가해질 때 물체 내부의 이웃하는 구성요소 사이에 작용하는 힘)에 빗대어졌고, 쥐들이 스트레스를 받고 있다고 하여, **스트레스 반응**이라 하였습니다. 인간을 불편하게 만드는 영원한 동행자에게 비로소 이름이 붙은 것입니다. 그리고 셀리에는 역사 속에 자신의 발자국을 굳건하게 남기게 됩니다.

셀리에에 의하면 **일반적응증후군**은 세 단계[04]에 걸쳐 일어납니다.

첫 단계는 최초의 자극을 받은 지 6~48시간 뒤에 나타나는 **경보단계**입니다. 경보가 울리는 것입니다. 위협이 닥칠 것에 대한 준비 상태죠. 면역체계를 이루는 조직들인 흉선,

---

04   경보(alarm), 저항(resistance), 소진(exhaustion)

비장, 그리고 림프절이 수축되고, 체온이 떨어지며, 소화기가 손상됩니다.

48시간이 넘어가면 두 번째 **저항단계**로 들어섭니다. 스트레스에 직면했으니 대처해야죠. 그 노력이 바로 저항으로 보여지는 듯합니다. 부신이 커지고, 몸의 성장은 멈추고, 정소와 난소가 위축되며, 젖을 먹이는 동물의 젖 분비는 멈추게 됩니다. 만약에 이러한 변화를 일으키는 자극이 1~3개월 정도 지속이 된다면, 우리의 신체는 어떻게 될까요? 체력을 다한 몸에는 본격적으로 병증이 드러나고 맙니다. 궤양, 우울, 소화기 장애, 심혈관계 장애 등이 나타납니다.

그리고 이러한 자극이 멈추지 않는다면, 끝내···. 이것이 세 번째 **소진단계**입니다.

셀리에의 논문은 사람들이 일상에서 경험하던 여러 가지 부정적인 현상을 알아차리게 하였습니다. 내가 받고 있던 것이 스트레스였구나. 스트레스로 인해 몸에 병이 생길 수 있다는 사실도 알게 되었습니다. 그리고 무엇보다도 스트레스로 인해 우리가 소진될 수 있다는 것을 알게 했습니다. 물론 이후 연구들은 셀리에의 연구가 가지는 한계점들을 밝혀

냅니다. 심리적 요인이 간과되었고, 무엇보다 모든 스트레스 원인에 똑같은 내분비계 반응이 일어나지도 않습니다. 어쨌든 셀리에의 논문은 이후 여러 분야에 영향을 미쳤습니다. 특히, 스트레스를 받은 우리 몸의 반응과 스트레스를 받게 하는 환경들에 관한 연구들을 이끌어냈습니다.

스트레스와 면역력,
몸의 성장, 번식의 관계

면역력이 떨어지는 이유는 무엇일까요? 몸의 성장도 멈추고, 정소와 난소가 위축되며, 젖을 먹이는 동물의 젖 분비가 멈추게 되었던 이유는 무엇일까요?

생명체가 가진 에너지는 유한합니다. 두 마리 토끼를 잡을 수 없듯이 한정된 에너지로 모든 걸 할 수는 없습니다. 평소 우리 몸을 유지하는 데 필요한 기본적인 에너지가 있습니다. 여기에는 면역시스템이나 생식에 필요한 에너지도 포함됩니다. 그런데 갑자기 스트레스를 받게 되면, 스트레스 해결에 먼저 에너지를 쓰게 되겠죠.

스트레스를 받는다고 병에 바로 걸리지는 않습니다. 답답한 장면의 드라마를 보면서 암에 걸리겠다고들 하죠. 하지만 암이 바로 걸리지는 않습니다. 그 주인공의 상황을 보면 기가 막히고 코가 막힙니다. 보는 것만으로도 스트레스입니다. 주인공 대신 몰입해서 막말이라도 해야죠. 남 일인데도, 심지어 드라마인데도 나의 에너지는 사용됩니다. 스트레스를 받으면 나도 모르게 스트레스 해결에 에너지를 씁니다. 면역시스템에 쓰일 에너지를 스트레스 해결에 먼저 쓰다 보니 아무래도 면역력이 떨어지게 됩니다. 이때 병균들이 우리 몸에 들어온다면…. 스트레스를 받지 말아야 하는 이유지요.

몸의 성장과 번식이 멈추는 이유도 마찬가지입니다. 삶이 휘청거리는데 번식할 여력이 있을까요? 그런 건 의미 없다고 몸이 더 잘 알고 있습니다. 살아남아야만 번식도 할 수 있으니까요. 면역조직들과 생식기관이 위축되었던 것은 스트레스 반응에 집중하기 위한 몸의 선택이었습니다.

스트레스에 대한 우리 몸의 반응은 결국 몸이 가진 한정된 자원을 재배치하는 것이었습니다. 스트레스와 면역력의 관계를 보여주는 실험을 하나 소개하겠습니다. **코헨**과 **동료들**(Sheldon Cohen et al.)은 스트레스가 높은 사람들과 낮은 사람들을 나누어 그들의 코에 직접 감기[05] 바이러스를 주입했습니다.

이 변태적인 실험의 결과는 예상이 되지요? 스트레스 점수가 높은 집단의 참가자는 47%나 감기에 걸렸지만, 스트레스 점수가 낮은 집단의 참가자는 27%만이 감기에 걸렸습니다. 후속 연구에서도 행복하고 여유가 있는 사람들은 감기에 걸릴 확률이 훨씬 낮았습니다.

---

05 감기는 다양한 바이러스에 의해 코와 목 부분을 포함한 상부 호흡기계의 감염 증상으로, 사람에게 나타나는 가장 흔한 급성 질환 중 하나임. 재채기, 코막힘, 콧물, 인후통, 기침, 미열, 두통 및 근육통과 같은 증상이 나타나지만, 대개는 특별한 치료 없이 현대인의 면역력만으로도 저절로 치유됨(출처; 서울대학교 병원 의학정보).
감기에 걸려 병원에 가면 가장 많이 듣는 말이 아마도 '푹 쉬시고, 스트레스 받지 마시고'인 데는 이유가 있었습니다.

문득, 이 연구가 어째서 가능했는지 궁금하실지도 모르겠습니다. 간단합니다. 참가자에게 각각 800달러, 우리 돈으로 약 100만 원을 지급했습니다. 이런 실험에 참여하시겠습니까? 눈살이 찌푸려지십니까? 당신과 다른 선택을 할 수밖에 없는 사람들도 있다는 것을 머리가 아니라 가슴으로 알 수 있어야 어른이 됩니다.

스트레스를 받았을 때 우리의 몸은 ②
: 투쟁 또는 도피 반응

셀리에가 제안한 경보반응을 또 다른 관점에서 해석한 생리학자가 있습니다. **캐넌**(Walter B. Cannon)은 극단적이거나 고통을 유발하는 환경뿐 아니라 정서에도 우리 몸이 비슷하게 반응한다는 것을 관찰했습니다. 간단하게 표현하면, 몸이 힘들어도, 마음이 힘들어도 우리 몸에는 동일 반응들이 일어납니다. 자율신경계의 교감신경이 활성화되고, 교감신경의 활성은 부신에서 다양한 호르몬을 분비하게 합니다.[06] 나의

---

[06]   중학교 생물 시간으로 잠깐 시간여행 다녀옵시다. 신경계, 자율신경계, 교 감신경 검색하기.

대학생을 위한 정신건강 수업

의지와 상관없이 분비되는 호르몬들은 우리 몸을 각성시킵니다. 즉, 맥박과 호흡이 빨라지고, 혈액은 소화기관보다는 신체의 근육으로 쏠리고, 통증에 둔감해지며, 포도당과 지방이 방출됩니다. 즉, 우리 몸은 무언가를 하려는 최적의 상태가 됩니다. 깨어 있는 상태입니다.

캐넌은 이를 **투쟁 또는 도피 반응**(fight or flight response)이라고 하였습니다. 싸우거나, 도망가거나! 그는 스트레스 반응에 왜 이런 이름을 붙였을까요? 문명화된 콘크리트 숲에서 사는 우리이지만, 유전자의 시간으로 보면 인류는 대부분을 초원에서 보냈습니다. 드넓은 초원에서 다양한 포식자들에 둘러싸인 인류. 초원에는 잡아먹는가 잡아먹히는가의 단순하고 잔혹한 환경이 있을 뿐입니다. 그런 환경에서 인류의 삶은 맞서 싸워 이기거나 도망가거나 둘 중 하나의 선택으로 이어졌을 겁니다. 그런 시간이 쌓이면서 형성된 게 지금의 우리라고 합니다. 즉, 우리는 살아남은 자들의 자손이기에 살아남기 위한 최적의 몸 상태로 진화했습니다. 말하자면, 투쟁 또는 도피 반응은 진화의 산물인 것이죠.

진화의 산물인 투쟁 또는 도피 반응이 현재의 스트레스

와 어떤 연관이 있을까요? 이제는 사자 같은 포식자들이 더 이상 우리를 위협하지 않는데 말입니다. 캐넌은 넓게 보면 그때나 지금이나 맥락상 크게 다르지 않다고 보았습니다. 여전히 우리의 삶은 항상 무언가 일어나고, 그것을 해결하든지 외면하든지 하는 상황의 연속입니다. 변한 것은 물리적인 환경일 뿐입니다. 맥락은 변하지 않았습니다. 인생은 항상 문제해결의 연속이니까요.

게다가 인간만이 가지는 고유한 특성이 있습니다. 바로 고도로 발달한 지성체. 이는 지금의 문명을 이루게 하였습니다. 그런데 이는 우리를 갉아먹기도 합니다. 왜냐고요? 상상을 실현할 수 있을 만한 지성을 가졌다는 것은 상상만으로도 우리를 강렬한 감정에 휩싸이게도 합니다. 우리는 겪지 않아도, 어떤 일이 벌어지지 않아도, 단지 생각만으로도 스트레스를 받는 존재로 진화했습니다. 혹시 오늘도 머릿속이 복잡하지는 않으신가요?

투쟁 또는 도피 반응을 학생들에게 설명하다가 잠깐 멈추고, 이렇게 질문합니다.

지금까지 설명한 내용을 정리해서 발표해줄 학생 있나요?

갑작스러운 질문에 강의실에는 묵직한 침묵이 흐릅니다. 학생들의 불안한 눈빛과 그걸 지켜보는 나. 학생들의 시선과 저의 시선이 겹치는 일은 일어나지 않습니다. 그러면 저는 또 이렇게 말합니다.

지원하는 학생이 없으니 어쩔 수 없이 시켜야겠네요.

학생들을 쭉 둘러봅니다. 물론 시킬 생각은 없습니다만, 학생들의 떨림이 오롯이 전해집니다. 저는 웃으며 말합니다.

지금 어땠어요?

그러면 학생들은 안도의 숨을 내쉬면서 대부분 웃습니다. 학생들은 투쟁 또는 도피 반응을 경험했을 것입니다. 누군가 우리를 살아있는 화석이라고 하였습니다. 우리 안에는 진화의 흔적이 오롯이 남아있습니다. 몸도 마음도! 그리고 만약 제가 진심으로 누군가의 대답을 원했다면, 학생들은 두 가지 행동밖엔 할 게 없습니다. 멋들어지게 손을 들고 역시나 멋들어진 대답을 하거나, 차분히 짐을 챙겨 강의실 밖으로 빠져나가거나!

투쟁 또는 도피 반응에서
분비되는 호르몬

- 시상하부 – 교감신경계 – 부신수질
  ➔ 에피네프린, 노르에피네프린 방출
- 시상하부 – 뇌하수체 – 부신피질
  ➔ 코티솔 방출

스트레스를 받으면 우리의 신체는 시상하부, 교감신경계, 부신
수질로 이어지는 반응과 시상하부, 뇌하수체, 부신피질로 이어
지는 반응이 일어납니다.

뇌에는 뇌하수체와 시상하부라고 불리는 부분이 있습니다. 이
둘은 호르몬을 조절하고 생산하는 데 작용합니다. 뇌가 스트레
스라고 지각하면 이는 시상하부로 전달되고, 교감신경계가 가
장 빠르게 반응합니다. 교감신경계의 반응은 부신수질을 자극
하여 에피네프린과 노르에피네프린과 같은 호르몬들을 분비하
게 합니다. 이로 인해 혈압이 상승하고, 심장 박동수가 증가하
고, 땀이 나고, 말초혈관이 수축합니다. 긴장했을 때 흔하게 경
험하던 바로 그 느낌입니다.[07] 투쟁 또는 도피 반응입니다.

---

07 뇌가 하는 일은 생각하는 것이 아니라 신체를 운영하는 것이라는 주장도
    있습니다.

또 하나의 반응은 시상하부, 뇌하수체, 부신피질로 이어지는 반응입니다. 시상하부에서 '부신피질자극호르몬방출호르몬(CRH)'을 분비하고, 이 호르몬은 뇌하수체로 이동해 '부신피질자극호르몬(ACTH)' 분비를 촉진하고, ACTH는 혈관을 타고 부신피질로 이동하여 코티솔을 비롯하여 일련의 호르몬들의 분비를 촉진합니다. 이들을 통칭해 당질코르트코이드라고 부릅니다. 당질코르트코이드는 몸 전체로 퍼져 나가 다양한 신체 반응들을 일으킵니다. 사람들이 분비하는 당질코르티코이드 중에서 가장 중요한 것이 코티솔 호르몬입니다.

코티솔은 우리 몸의 에너지원인 혈당을 높이고 스트레스와 싸울 수 있게 합니다. 코티솔은 염증을 감소시키는 역할도 합니다. 스트레스와 싸우는 동안에 입게 되는 상처들이 덧나지 않게 합니다. 스트레스가 지나가면 신체를 안정된 상태로 회복하게 해줍니다. 그러기 때문에 스트레스 호르몬이라고도 합니다. 즉, 스트레스를 받는 동안 우리를 견디도록 해주는 호르몬입니다.

그런데 스트레스가 멈추지 않는다면 어떻게 될까요? 코티솔이 과도하게 계속 생성된다면 어떻게 될까요? 셀리에의 실험에서 쥐들의 부신이 커졌던 것이 기억나십니까? 계속되는 스트레스에 반응해 당질코르티코이드를 많이 만들어 내야 했을 것입니다. 부신에 이상이 생길지도 모릅니다. 해결되지도 않고 벗어날 수도 없는 만성 스트레스가 무서운 이유가 바로 이것입니다. 만성 스트레스에 시달리다 안타까운 결과로 이어지기도 하는 이유입니다. 만성 스트레스는 우리 몸을 망가뜨립니다.

스트레스를 받았을 때 우리의 몸은 ③
: 돌봄과 어울림

선생님의 질문을 받고 쩔쩔매고 있는 친구를 보고 어떤 행동들을 해보셨나요? '나만 아니면 된다'라는 맘으로 태평하게 있을 수 있을까요? 친구가 대답하지 못하면, 질문은 나에게로 넘어올지도 모릅니다. 당황한 친구에게 답이 적힌 노트를 슬그머니 보여준 적이 있나요? 어서 빨리 이 순간이 지나가길 바라면서요.

스트레스를 받은 우리는 싸우거나 도망가거나 소진되기만 하지 않습니다. 초원에 살고 있던 우리 선조들을 생각해봅니다. 만약 사자가 나타났다면, 싸우거나 도망가는 것 말고도 나와 같은 처지에 있는 사람과 함께 위기를 극복하는 방법도 있습니다. 싸움은 나보다 전투력이 높은 사람에게 맡기고, 그가 잘 싸울 수 있도록 조력하고, 울고 있는 어린아이를 돌본다면 함께 살아남을 가능성을 높일 수 있습니다. 인간은 혼자가 아닙니다. 재난을 당했을 때 우리는 공동체의 모습을 보입니다. 힘들어하는 사람에게는 위로를 건넵니다. 물론 내가 힘들 땐 위로를 받고 싶습니다.

테일러(Shelley E. Taylor)는 이러한 모습을 **돌봄과 어울림 반응**[08]이라고 하였습니다. 이 행동들은 또 다른 진화의 흔적으로 인간뿐 아니라 자연에서도 발견됩니다. 대부분 생명체는 미성숙하게 태어납니다. 돌봄을 받지 못하면 세상에 살아남지 못합니다. 돌봄과 어울림 행동을 끌어내는 호르몬이 **옥시토신**입니다.

옥시토신은 주로 에스트로겐이라는 호르몬의 영향을 받는데, 이 에스트로겐은 주로 난소에서 분비됩니다. 물론 남성의 정소에서도 분비됩니다. 이쯤 되면 돌봄과 어울림이 여

---

[08] tend-and-befriend response를 어떻게 번역하는 것이 가장 적절할까요? 돌봄과 어울림/돌보기와 친구되기/보살피고 편들어주기 반응.

성들이 많이 사용하는 행동이라는 것을 알아차리겠지요? 테일러에 의하면, 스트레스에 대한 우리 몸의 반응은 진화하는 동안 남성과 여성이 다소 다른 측면에서 적응적이었다고 합니다. 즉, 여성들은 스트레스를 받는 상황에 직면했을 때 자기 자신은 물론 자손들까지 보호하는 모습으로 진화했다고 주장합니다. 실제로, 경쟁하는 동안 분비되는 호르몬의 패턴도 남성과 여성이 다릅니다.

남성과 여성, 여성과 남성은 서로 다른 대표적인 특질이 있습니다. 둘은 같기도 하지만 다르기도 합니다. 다르기에 우리는 다채롭게 진화할 수 있었습니다. 당신은 혐오와 차별, 그리고 차이를 구분할 수 있는 사람이라고 믿습니다.

투쟁 또는 도피 반응이 절대적으로 남성만의 것이 아니듯, 돌봄과 어울림 역시 여성만의 얘기가 아닙니다. 우리 모두 상황에 따라 싸우거나 도망가거나, 보호하거나 어울리기도 합니다. 그저 성별에 따라 대표성을 띤 행동이 다르다고 이해하면 됩니다. 가까이에서 보면 개인마다 다르게 행동하지만, 멀리서 보면 성별에 따라 다릅니다. 그리고 더 멀리서 보면 인간과 동물이 다릅니다. 단지 그뿐입니다. 그리고 서로 다름이 결코 나쁜 것은 아닙니다. 우린 다르기에 살아남

았고, 고도의 지성체가 되었으니까요.

　자, 정리하겠습니다. 스트레스를 받으면 우리 몸은 소진되거나, 저항하거나, 투쟁하거나, 도피하거나, 보살피고 뭉치거나 하는 등의 반응을 통해 살아남으려고 애씁니다. 본능이지요. 너무 당연하게 여기고 있어 알아차리지 못하고 있었을 수도 있습니다. 내가 알아주지 않아도 애쓰고 있는 나의 몸. 기특하지 않습니까? 우리는 모두 기특한 존재입니다.

스트레스를 받았을 때 우리의 마음은

: 불안, 공포, 분노, 우울

스트레스를 받았을 때 당신의 마음은 어땠나요? 아! 저의 수업시간으로 돌아가 봅시다. 발표해줄 사람을 시키겠다고 했던 것 기억나시나요? 그 자리에 있었다면 어땠을까요? 두근두근하는 심장박동 소리가 들리나요? 그 마음을 표현해 보세요. 이를 정서라고도 합니다. 투쟁 또는 도피 반응은 대부분 우리의 정서에 부정적인 영향을 줍니다. 불안, 공포, 분노, 우울 같은. 이런 마음은 우리가 살아가는 데 어느 정도 필요합니다. 어느 정도.

불안은 미래에 있을 것 같은 위협이나 위험에 대한 걱정으로 인해 생겨나는 근심이나 긴장 등의 불편한 상태입니다. **공포**는 눈앞에 놓여있는 위험이나 위협적인 자극들이나 그 자극들이 예상될 때 생기는 정서입니다. 코로나에 대한 공포와 불안 때문에 손을 깨끗이 씻고, 소매로 가리고 기침을 하고, 사회적 거리를 두기도 합니다. 코로나 그까짓 거. 별것 아니라고 하는 사람과 그렇지 않은 사람 중에 누가 더 건강한 행동을 할까요. 적당한 정도의 정서 반응은 살아가는 데 반드시 필요합니다.

불안은 대학생이 가지는 보편적인 정서 중의 하나입니다. 해내야 할 것들이 줄줄이 서 있습니다. 대부분이 처음인 낯선 것들입니다. 매일의 과제와 인간관계는 그렇다 치고, 졸업은 할 수 있을까? 졸업은 한다 해도 취업은요? 취업하고 나면? 미래가 확정되었다면 얼마나 좋을까요? 저는 대학을 졸업했고, 취업도 했고, 결혼도 했습니다. 인생 과업들만 본다면 저와 여러분 중에 누가 더 불안이 높을까요? 그래요. 대학생이라면 어느 정도의 불안은 그림자입니다. 오히려 불안하지 않다면 미래에 관한 생각이(미래가 없는) 없는 사람일수도 있습니다. 지금 불안한 건 당연할 수 있습니다. 그러니까 불안한 자신을 안아주세요. '괜찮아. 불안하다는 건 어쩌면 잘하려고 하는 나의 다른 모습이야'. 이렇게 알아차리면 됩니다.

스트레스를 받으면 **분노**가 일어나기도 합니다. 부당한 일, 잘못된 행동에 대한 분노는 투쟁을 촉발합니다. 당연히 적응적인 정서입니다. 그래야만 상대방이나 세상이 바뀌니까요. 세상을 아름답게 바꾸는 그런 거룩한 분노에 우리는 함께 해 왔습니다.

그런데 나의 일상에서 정당한 분노만 일어나지는 않습니다. 비난할 수 없는 것에 화가 나기도 합니다. 화를 내지 않아도 되는데 화를 내버리기도 합니다. 성인들은 하루에 한 번 정도 화가 나는 경험을 하고, 세 번 정도 짜증이 나는 일을 겪는다는 신문기사를 본 적이 있습니다. 생각보다 적은가요? 아니면 많은가요? 그중에 정당한 분노와 그렇지 않은 분노를 구별하시나요? 바위에 걸려 넘어지는 사람은 없습니다. 자잘한 돌부리에 걸려 넘어집니다. 주의하지 못했기 때문이지요. 우리가 알아차려야 할 것은 바로 이 주체할 수 없는 화입니다. 화를 내고 금방 후회하는 나 자신이 보였다면 다행입니다. 나아질 수 있으니까요.

화는 주로 반작용일 수 있습니다. 내가 기대하는 것과 결과가 다름에 대한 반응이 아닐까요? 내가 원하지 않는, 좋아하지 않는 일들이 일어나고 있기 때문입니다. 그래서 불편합니다. 못마땅하지요. 나를 끓어오르게 하는 세상의, 상대방의 잘못 때문입니다. 당신에겐 말이죠.

그런데 잠깐만요. 상대방 역시 어쩌면 당신으로부터 스트레스를 받고 있을지도 모릅니다. 아주 어쩌면, 당신의 그 화는 그다지 정당한 뿌리를 두고 있지 않을지도 모릅니다. 하지만 확실한 것은 당신이 화가 난 상태를 유지할수록 스트레스 반응은 계속되고 있습니다. 당신은 자각하지 못하지만, 몸은 투쟁 즉, 싸우자는 반응에 계속 빠져 있습니다. 그것만은 어느 방향에서 보든 틀리지 않습니다. 시도 때도 없이 계속 화를 내고 있다면, 당신의 몸은 망가질 때까지 스트레스 호르몬을 분비할지도 모릅니다. 그러므로 화가 난 나를 아는 것이 중요합니다. 나의 분노를 알아차리고, 인정하고, 수용하는 마음이 필요합니다. 어렵겠지만, 숨을 고른 후 지금의 화가 오롯이 세상 때문인지, 아니면 세상을 못마땅하게 여기는 나 때문인지 제대로 보아야 합니다. 화는 필요한 정서입니다. 중요한 것은 화를 잘 내는 것입니다.

스트레스에 대한 보편적인 마음으로 많은 사람이 우울을 얘기합니다. 이런 표현 많이 들어보았지요?

스트레스가 너무 심했고, 우울증으로….

우울은 간단하게 설명하기 어려운 감정이지만, 우리 모두 아는듯한 마음 상태입니다. 슬프기만 한 것이 아니라, 여러 부정적인 감정들이 혼합되어 있습니다. 분노, 불안, 무기력감, 절망감 등이 섞인 감정입니다. 심리학자들은 우울을 설명할 때 자동차의 연료 경고등에 비유하곤 합니다. 연료 경고등은 자동차의 동력은 아니지만, 자동차의 상태를 알려주기 때문입니다.

우울은 스트레스만큼이나 우리가 많이 사용하는 단어입니다. 그래서 우울이란 무엇인지, 왜 생기는지, 그리고 어떻게 해야 하는지에 대한 설명이 필요합니다. 하지만 누구도 정확하고 완전하게 알려주지 못하고 있습니다. 특히, 원인에 대해서는 아무도 정확하게 알려주지 않습니다. 사람마다 다르고, 같은 사람도 시절마다 다르기 때문이지요. 무어라 단정하기 어려워서인지 오히려 사람들은 우울로 갖은 핑계를 댑니다. 우울은 좀 억울할 듯도 합니다. 자꾸만 자기한테 뒤

집어씌우니까요.

불안, 공포, 분노가 그렇듯이 우울도 우리가 가지는 당연한 정서입니다. 부정적인 정서에는 다 이유가 있습니다. 별로인 기분에서 시작하는 우울. 그러다 기분이 더 나빠지고, 그게 쌓이고 쌓이면…. 우울은 너무 어렵습니다. 우울한 기분은 알겠는데, 무엇 때문이었는지, 어디서부터였는지 알 수도 있지만, 쌓이고 쌓여 잘 모르겠는 경우도 많습니다.

스트레스가 그렇듯, 우울도 간단히 설명할 수 없습니다. 그래서 나와 너의 우울을 단정 지어서 말하기 어렵습니다. 그런데, 분명히 우울한 기분도 우리가 살아가는 데 반드시 필요합니다. 우울은 신호입니다. 지금 내가 스트레스를 받고 있고, 에너지가 바닥날지도 모른다는 신호를 보내는 경고등입니다. 우울한 기분이 들면 확인합시다. 나중으로 미루다가는 멈추게 될지도 모릅니다. 경고등이 켜지면 연료를 채워야 합니다. 그래야 계속 달리지요. 그러니까 우울한 기분이 들면 일단 점검합시다. 이 기분이 나를 해치지 않을 만큼인지, 아니면 나를 갉아먹을 정도로 커질 크기인지!

우울한 기분과 우울증

우리는 정신건강과 장애에 대해 한 세대 전보다 더 많은 관심을 보입니다. 접근도 쉬워졌습니다. 그럴수록 올바른 지식이 필요합니다. 이제 우울한 기분, 우울감, 우울증, 우울장애라는 용어들도 적확하게 사용합시다. 오남용은 섭취하는 약뿐 아니라 마음과 관련된 지식에도 적용해야 합니다. 정신건강이 누군가의 호주머니를 채우는 데 사용되지 않았으면 합니다.

우울한 감정과 우울증[09]은 구별됩니다. 하지만 우리 사회에는 구별하지 않고 마구 사용하는 사람들도 있습니다. 전문가들이 우울증이라고 하면 치료가 필요한 상태입니다. 그렇지만 일반인들은 상태와는 관계없이 우울증이라고 하곤 합니다. 정보를 제공하는 글이나 기사 중에도 정확히 구별하지 않는 경우가 많습니다.

콧물이 나고, 코도 막히고, 기침도 나고, 열도 나고, 목도 아프고, 온몸이 쑤시면 감기라고 생각되죠? 이 증상들이 한꺼번에 일어나면 학교에 가기 힘듭니다. 빨리 병원에 가야죠. 그런데, 콧물만 나면 병원에 가나요? 코가 조금 막히면? 기침이 나면?

---

[09] 우울증, 즉 우울장애는 의욕 저하와 우울감을 주요 증상으로 하여 다양한 인지 및 정신 신체적 증상을 일으켜 일상 기능의 저하를 가져오는 질환을 말한다(서울대학교 병원 의학정보).

미열이 느껴지면? 목이 좀 아프면? 근육통이 느껴지면? 이런 증상이 한두 개 느껴지면 그동안의 경험들을 소환하죠. 감기 기운이 있구나! 감기로 고생할지도 모르겠구나!

어떤 사람은 감기 기운이 느껴지면 맛있는 거 먹고 푹 잔다고 합니다. 또 어떤 이는 따뜻한 욕조에 몸을 담그고 음악을 듣는다고 합니다. 저는 갱년기라서 그런지 따뜻한 욕조는 더 숨이 막힙니다. 여러분은 어떻게 하나요? 제가 할 수 있는 것이라면 도움을 받고 싶습니다.

일상이 불가능할 만큼의 우울증은 전문가의 도움을 받아야 합니다. 그러나 그냥 우울한 기분일 때는 내 삶의 빅데이터를 점검합시다. 우울한 기분에서 달아나는 나만의 일상을 찾아냅시다. 음악 듣기, 춤추기, 노래 부르기, 또?

타인에게나 우리 사회에 나쁜 영향을 주지 않는 정말 다양하고 많은 방법이 있습니다. 그것을 찾아가는 것도 청년기에 해야 할 과업 중 하나입니다. 아직 찾지 못하셨나요? 괜찮습니다. 아직 찾지 못한 나는 부족해서가 아니라 경험해보지 못했기 때문입니다. 자기탐색이 필요하겠지요. 기나긴 인생 여정에서 힘들 때나 불편할 때의 나를 위로해주는 나만의 건강한 방법이 있을 것입니다. 누구도 나와 같을 수 없습니다. 누구를 따라 할 필요도 없습니다. '나'는 '나'입니다.

스트레스를 받았을 때 우리의 행동은

: 마음은 엉뚱한 곳으로

스트레스를 받게 되면 어떤 행동이 튀어나오나요?

예전에 아이가 제 핸드폰으로 무언가 결제하려던 적이 있었습니다. 정확히 기억나지는 않지만, 아이가 무엇인가 사 달라고 졸랐고, 저는 그러라고 했습니다. 아이는 저의 핸드폰으로 상품을 검색하고 결제하려고 했습니다.

엄마, 카드?

아이가 물었습니다. 지극히 일상적인 말이었죠. 그런데 그날따라 저는 유난히 뾰족하게 대꾸하고 말았습니다.

넌 눈이 없냐? 네가 들고 있는 건 뭐니?
(카드는 핸드폰 뒤에 있죠^^)

이렇게 쏘아붙였죠. 아이 역시 지지 않고 받아쳤습니다.

막말 쩌시네요!

그리고는 씩씩거리며 방으로 들어가 문을 쾅 닫았습니다. 저는 심리학자입니다. 심지어 정신건강을 가르칩니다.

네가 들고 있는 핸드폰 뒤쪽을 보려무나. 항상 그렇듯이 거기에 엄마 카드가 있단다.

이렇게 말해야 했습니다. 물론 현실은 드라마가 아니니까 저렇게까지 살갑지는 않더라도 막말은 하지 말았어야죠. 그런데도 저는 왜 그렇게 반응했을까요? 저는 바람직하지 않은 행동의 근원이 무엇일까 돌아보았습니다. 그때 저는 논문 마감을 앞두고 있었습니다. 게다가 아이는 고3 수험생이었습니다. 둘 다 싸우자는 반응이 충만한 시기였죠. 제가 싸워야 할 상대는 논문이었는데, 엉뚱하게도 딸과 싸우고 있었습니다.

시험 기간이면 학교 여기저기에 에너지 음료를 마신 흔적들이 많이 나타납니다. 대학교 도서관 한쪽에서는 담배 연기가 끊이지 않습니다. 학창시절에 크게 다가오는 스트레스는 단연 시험입니다. 스트레스를 받으면 술이나 담배, 커피, 그리고 단 것들의 유혹에 쉽게 넘어갑니다. 불편한 마음을 어떻게든 달래보려 하지요. 그런데 그런 행동들이 또 다른 스트레스로 이어집니다. 줄여야지 하는 마음이, 끊어야지 하는 마음이 또 스트레스로 이어집니다. 이러고 있는 내가 또 스트레스입니다.

엉뚱한 사람을 붙잡고 싸우거나, 엉뚱한 것으로 나를 위로하거나, 평소 아니라고 생각했던 행동을 하고 있다면, 잠시 멈추고 확인해 봅시다. '아! 나는 지금 무언가 있구나!' 다른 핑곗거리를 찾지 말고, 스트레스를 받고 있다는 '나'를 알아차려야 합니다.

스트레스가 없는데도 불구하고 그런 행동을 하고 있다면, '나'는 미성숙한 것입니다. 미성숙한 '나'와 스트레스받는 '나'를 구분할 수 있으면, 다르게 행동할 수 있습니다. 이제 '나'는 성숙한 어른에 한 발짝 더 다가가고 있습니다.

나는 얼마나 스트레스를 받고 있을까요?

: 스트레스 자가 점검

스트레스 농도 측정[10]

잠깐, 지금 '나'는 어느 정도 스트레스를 받고 있는지 알아보는 것은 어떨까요? 해당하는 문항의 개수를 세어봅시다.

- ☐ 1. 머리가 개운치 않다(머리가 무겁다).
- ☐ 2. 눈이 피로하다.
- ☐ 3. 때때로 코가 막힐 때가 있다.
- ☐ 4. 어지럼증을 느낄 때가 있다.
- ☐ 5. 때때로 기둥을 붙잡고 서 있고 싶다.
- ☐ 6. 귀에서 소리가 들릴 때가 있다.
- ☐ 7. 때로 입안에 염증이 생길 때가 있다.
- ☐ 8. 목이 아플 때가 많다.
- ☐ 9. 혓바닥이 하얗게 될 때가 있다.
- ☐ 10. 좋아하는 음식을 별로 안 먹게 되었다.
- ☐ 11. 식후 위가 무거워지는 것을 느낀다.
- ☐ 12. 배가 팽팽하거나 아프거나 한다.
- ☐ 13. 어깨가 아프다.
- ☐ 14. 등골이나 배가 아픈 경우가 있다.
- ☐ 15. 좀처럼 피로가 없어지지 않는다.
- ☐ 16. 최근 체중이 감소했다.

10 대한정신과학회(2000). 스트레스자가점검표.

☐ 17. 무언가 하면 쉽게 피로해진다.

☐ 18. 아침에 기분 좋게 일어날 수 없는 날이 있다.

☐ 19. 일할 의욕이 생기지 않는다.

☐ 20. 쉽게 잠들지 못한다.

☐ 21. 꿈이 많거나 선잠을 잔다.

☐ 22. 새벽 한두 시쯤 잠에서 깰 때가 있다.

☐ 23. 갑자기 숨쉬기가 힘들어질 때가 있다.

☐ 24. 때때로 가슴이 두근거릴 때가 있다.

☐ 25. 가슴이 자주 아파오는 경우가 있다.

☐ 26. 자주 감기에 걸린다.

☐ 27. 사소한 일로 화가 난다.

☐ 28. 손발이 찰 때가 많다.

☐ 29. 손바닥, 겨드랑이에 땀이 날 때가 많다.

☐ 30. 사람 만나는 것이 귀찮아진다.

5개 이하   정상

6-10개   가벼운 스트레스 상태로 휴식, 운동, 오락 같은 대책.
          직장적응 방식을 점검 필요

11-20개   중증 스트레스 상태로 종합검진 필요

여러분의 점수는 얼마인가요?

낮을수록 좋습니다.

중간이라고요? 네, 좋습니다.

저런, 점수가 높게 나왔다고요? 괜찮습니다.

중요한 것은 스트레스를 받는 '나'를 알아차리는 것입니다. 알아차려야
어떻게든 해보죠.

스트레스는 무엇 때문에

　스트레스를 받는 '나'를 알아차렸다면, 스트레스의 원인이 무엇인지 알아봅시다. 심리학자들은 스트레스의 원인을 크게 3가지로 분류합니다.

- **재난사건**
- **삶의 변화**
- **일상의 골칫거리**

　재난사건은 우리가 직접 경험할 수도 있고, 간접 경험할 수도 있습니다. 몇 해 전 포항에서 발생했던 지진을 기억하십니까? 대학 수학능력 시험이 연기되기도 하였습니다. 저는 그날 연구소 책상에 앉아 있었는데 갑자기 벽이 흔들렸습니다. 그때의 무서움이 가끔 생각납니다. 지진, 태풍, 산불, 홍수 같은 자연재해들은 예고 없이 다가와 사람들의 삶을 송두리째 뒤흔듭니다. 전쟁은 어떤가요? 오늘도 전쟁 속에 있는 나라가 있습니다. 직접 그 속에 있지는 않지만, 그 장면은 TV를 통해 그대로 볼 수 있습니다. 포탄 속에서 울부짖는 사람들의 모습이 남의 일이라고 아무렇지 않을 수 있나요?

세월호, 이태원은 어떤가요? 저는 현재 아이가 대학생입니다. 제 아이가 고등학교 수학여행을 며칠 앞두고 있을 때, 그 일이 일어났습니다. 해마다 봄이 오고, 방긋 웃는 제 아이를 보면 여전히 그때가 생각납니다. 그런데 그 아이가 대학생이 되어 한창 젊음을 발산하는 가을날 10.29 참사[11]가 일어났습니다.

젊으니까 많은 것을 경험하고, 시도하고, 놀고, 함께하고, 그리고 그 속에서 배우는 거라고 학생들에게 가르칩니다. 제가 틀렸나요? 제 마음이 이렇게 불편한데 그 현장에

---

11 한국심리학회에서는 지역 혐오 방지를 위해 이태원에서 일어난 참사를 10.29 참사라 부릅니다.

있던 사람들은 오죽할까요. 재난사건들은 직접 겪지 않는 사람들에게조차 스트레스를 줍니다.

삶의 변화는 주변 사람들의 죽음, 결혼, 이혼, 졸업, 실직, 승진과 같은 일들입니다. 살아가면서 한두 가지를 언젠가는 겪게 됩니다. 이런 사건들은 삶에 변화를 가져오고 우리는 적응해야만 합니다. 삶의 변화가 가장 많은 시기는 언제일까요? 바로 청년기와 성인 초기입니다. 젊은이들은 다양한 선택의 갈림길에 서 있습니다. 스트레스에 시달리고 있는 것은 자신이 부족해서가 아니라 젊기 때문입니다. 그리고 앞으로 더 다양한 모습의 스트레스가 기다리고 있습니다. 그게 삶이니까요.

일상의 골칫거리는 매일매일 일어나고 자잘하지만, 신경이 쓰이는 사건들입니다. 층간 소음도 괴로운데, 베란다 너머로 들어오는 담배 냄새 역시 만만치 않습니다. 이른 아침 등교나 출근길의 차들은 왜 그리 밀리는지요. 늦은 밤의 귀갓길은 너무나 어둡습니다. 옷장에 옷은 그득한데 입을 게 없습니다. 해야 할 일은 많은데 시간이 없습니다. 도와주기는커녕 자기 일도 제대로 못 하는 가족들, 주는 것 없이 얄미운 동료, 오늘은 뭐 먹지, 여름이면 더워서, 겨울이면 추워서….

그렇습니다. 스트레스는 삶의 모든 방향에서 우리를 찾아옵니다. 꾸준히 찾아와서 자신의 존재를 뽐내며 지독한 고백을 질리지도 않고 이어갑니다.

스트레스에 작명하는 우리

초기 스트레스 연구들은 스트레스를 일으키는 사건에 초점을 두었습니다. 셀리에의 쥐들이 생각나시죠? 연구자들은 우리 몸을 망가뜨리고, 우리를 힘들게 하는 것이 궁금했습니다. 어떤 것들이 우리를 더 망가뜨리는 것일까요?

홈스와 라헤(Thomas H. Holmes & Richard H. Rahe)가 1967년에 만든 **사회재적응평가척도**(Social Readjustment Rating Scale, SRRS)라는 게 있습니다. 의사였던 홈스는 자신의 환자들을 관찰했고, 그 결과를 바탕으로 스트레스가 심한 사건부터 덜한 것까지 순위를 나열해 사건별로 가중치를 부여하였습니다. 사회재적응평가척도에서 기준이 되는 사건이 배우자의 죽음입니다. 배우자의 죽음이 100점에 해당합니다. 다른 사건들에 배우자의 죽음과 견주어 각각의 점수를 부여하였습니다. 그리고 사람들은 지난 6개월이나 1년 사이에 자신에게 일어났던 사건들에 할당된 점수를 합하여 스트레스 정도를 측정합니다.

이혼한 사람과, 직장을 관둔 상태에서 이혼하고 가까운 누군가의 죽음을 경험하게 된 사람이 있다면, 이 두 사람 중에서 누가 더 스트레스를 받을까요? 누가 더 불쾌한 정서에 쌓여있을까요? 누가 더 몸이 아플까요? 홈스는 사회재적응평가척도에서 점수가 높을수록 질병에 걸릴 가능성이 크다고 판단했습니다.

이 척도에 의하면, 배우자의 죽음이 가장 힘든 사건입니다. 다음으로 이혼, 별거, 감옥살이, 가까운 가족의 죽음, 질병, 등과 같은 부정적인 사건이 있습니다. 휴가, 결혼, 크리스마스와 같이 긍정적으로 보이는 사건도 스트레스라고 합니다. 긍정적인 변화도 적응이 필요하죠. 그리고 그 적응은 필연적으로 스트레스를 데려옵니다. 이 척도는 한때 유용하게 사용되었지만, 지금은 많이 사용하지 않습니다. 그 이유가 무엇일까요? 홈스는 의사였습니다. 아마도 삶의 변화를 겪고 병이 든 사람들을 주로 만났을 것입니다. 아무래도 병원은 아픈 사람들이 찾을 테니까요. 홈스는 삶의 변화의 부정적인 결과만 보았을 가능성이 큽니다.

대학생 스트레스 척도

홈스의 척도는 대학생들에게 어울리지 않는 내용이 많습니다. 그래서 **레너**와 **맥킨**(Michael J. Renner & Scott Mackin)은 대학생들에게 알맞은 사건들로 대학생 스트레스 척도를 만들었습니다. 51개의 문항 중에서 몇 가지를 소개합니다.

스트레스 사건 중에서 가장 심각하게 영향을 미치는 사건에 100점을, 가장 약한 사건에 20점을 할당하였습니다. 약 20년 전의 미국 학생들을 대상으로 연구한 것입니다. 각각 사건들의 상대적인 점수에 동의하십니까? 그 당시 학생들의 스트레스 총점은 182점부터 2571점 사이에 있었습니다. 평균 점수는 1247점이었습니다.

대학생이라는 공통점이 있지만, 누군가는 정말 많은 사건을 경험하는군요. 누구나 스트레스를 받지만, 개인 차이는 큽니다.

사건	점수
성폭행을 당함	100
성폭행 혐의로 기소당함	98
친한 친구의 죽음	97
가족의 죽음	96
임신에 대한 걱정	91
애인의 임신에 대한 걱정	90
기말시험 기간	90
늦잠을 자서 시험에 못 간 것	89
과목에서 낙제	89
애인에게 속음	85
오래 사귄 관계를 끝냄	85
친한 친구나 가족이 중병에 걸림	85
경제적 어려움	84
시험 중 부정행위를 하다 적발됨	83
하루 두 번의 시험	80
애인을 속임	77
부모님과의 갈등	73
수업시간 발표	72
수면 부족	69
주거 환경의 변화	69
룸메이트와의 갈등	66
싫어하는 수업을 듣기	62
새 학기 시작	58
첫 번째 데이트	57
동료들로부터 받는 사회적 압력	53
처음으로 집을 떠나 생활하기	53
병에 걸림	52
모든 과목 A학점 받기	51
새 친구 사귀기: 친구들과 잘 지내기	47
동아리나 사교모임에 가입	47
수업시간에 졸기	40
체육행사에 참여하기	20

삶의 변화가 나쁘기만 할까요? 나쁘다면 없어야 할 것만 같은데, 가능할까요? 변화 없는 삶이 가능할까요? 아무 일도 일어나지 않는 삶은 어떨까요? 어쩌면 심심해서….

삶의 변화를 가져오는 사건이나 일상의 골칫거리가 모든 사람을 힘들게 하지는 않습니다. 힘들다 해도 모두가 같은 강도로 스트레스를 받지도 않습니다. 중간시험이든지, 기말시험이든지, 시험이라 이름 붙은 대부분이 학생들에게는 짜증 나고 고통스러울 수 있습니다. 하지만, 자기 증명의 기회로 삼거나, 자신의 노력이 얼마나 쓸모 있었는지 궁금해하는 사람들도 있습니다. 그런 사람들에게 시험은 스트레스지만 기대 또한 불러일으킵니다. 심지어 이혼이나 퇴직, 배우자의 죽음이 누군가에게는 절망이지만, 누군가에게는 숨통이 트이는 사건일 수도 있습니다.

결국, 같은 사건이라도 사람에 따라 다른 반응을 불러일으킵니다. 이 말은 곧 **사건 자체가 스트레스는 아니라는 뜻**입니다. 이것이 사회재적응평가척도(SRRS)가 많이 사용되지 않는 이유입니다. 스트레스는 하나의 방향만 가지고 있지는 않습니다. 삶의 사건들은 개인마다 다르게 영향을 줍니다. 무엇보다 그 사건이 성공적으로 해결되었는가(사건의 결말)에 따라 우리는 다른 영향을 받습니다. 긍정적일 수도, 부정적 일 수도 있는.

스트레스는 같은 모습으로 우리에게 다가오지만, 다르 게 지나갈 수 있습니다. 스트레스를 일으키는 것들은 누군가 에게 힘겹고 버겁지만, 또 다른 누군가에는 멋진 경험을 하 게 합니다. 그래서 우리는 두 얼굴을 가진 스트레스에 이름 을 붙여야 합니다.

두 얼굴의 스트레스

스트레스가 우리에게 긍정적인 영향을 주면 **유스트레스**(eustress), 부정적인 영향을 주면 **디스트레스**(distress)라고 부릅니다.

유스트레스는 당장은 부담스럽지만 적절하게 대응할 수 있는, 우리가 잘 기능할 수 있는 상태입니다. 건강을 해치는 것이 아니라 오히려 질병 저항력을 높여주고, 삶을 더 나아지게도 합니다. 생산성과 창의력도 높여줍니다. 그러다 보니, 우리가 이겨낼 수 있을 만한 적절한 스트레스는 생활의 활력이 되었습니다.

디스트레스는 우리가 감당할 수 있는 크기가 아닙니다. 대처나 적응하려고 해도 사라지지 않는 압력입니다. 이러지도 저러지도 못한 채 시간을 보내다가 좌절에 이르게 되는 상태입니다. 불안, 분노, 그리고 우울을 경험하게 합니다. 가용한 에너지 모두를 스트레스 해결에 쏟아붓도록 합니다. 그러다 보니 건강한 행동을 할 여력이 없습니다. 그래서 디스트레스 상태에서는 병에 걸리기도 쉽고, 건강마저 잃게 될 수 있습니다. 우리가 없어야 한다고 생각하는 스트레스가 바로 디스트레스입니다.

스트레스는 있어야 좋을까요? 없어야 좋을까요? 앞선 질문에 다시 답을 해봅시다. 답은 우리 모두 알고 있습니다. '적당한, 적절히 대응할 수 있는'입니다. 그런데 잠깐만 생각해봅시다. '적당한, 적절히'는 얼마만큼일까요?

2부

스트레스 평가와
자원

스트레스 평가와 자원

3월에는 강의실 복도를 지나가는 학생들이 생기발랄하게 느껴집니다. 하지만 논문 제출 기한이 다가오면 활력 넘치던 그 소리는 귀마개를 찾게 합니다. 그런데 초지일관 짜증 내는 교수도 있습니다. 같은 사람도 처한 상황에 따라 다르게 느끼고, 같은 사건도 사람마다 달라지는 것이 바로 스트레스입니다.

그런 우리의 모습을 미국의 심리학자 **라자러스**(Richard S. Lazarus)가 설명합니다. 인간의 스트레스는 사건이나 상황 자체보다는 지각, 즉 해석하고, 이해하고, 평가하는 것에 더 영향을 받는다[12]고 합니다. 우리는 모두 감각으로 세상을 접하지만, 지각에서는 차이를 나타내죠. 같은 것을 보아도, 같은 것을 들어도, 같은 것을 경험해도 다르게 반응할 수 있습니다. 그렇다면 스트레스의 **적당한, 적절한** 크기에 대한 답을 할 수 있겠지요? 적당한, 적절한 스트레스는 개인의 지각에 따라 크기가 달라집니다. 우리는 스트레스에 다른 이름을 붙였습니다. 재난사건이, 삶의 변화가, 일상의 골칫거리들이 개인에 따라 유스트레스가 되거나 디스트레스가 되기도 합니다. 감당할만한 것인지, 그럴 수 없는 것인지를 결정하는 것은 결국 우리 각자의 **지각**이었습니다.

이 **지각 과정**은 1차 평가와 2차 평가로 이루어집니다. 1차 평가는 스트레스 사건이 발생하는 초기에 이루어집니다. 사건이나 상황이 자신에게 어떤 의미가 있는지 알아차리고 이해하는 과정이죠. 스트레스 사건이나 상황은 **손해**나 **위협** 또는 **도전**[13]으로 평가되며, 각각은 정서를 동반합니다. 라자러스는 손해는 이미 일어난 것, 위협은 손해를 가져올 것으

---

12 감각은 세상에 대한 정보의 입력입니다. 이 감각 정보를 이해하고 해석하는 것이 지각입니다.

13 손해(해로움, harm), 위협(threat), 도전(challenge)

로 예측이 되는 것, 도전은 극복할 수 있을 것이라 확신 되는 것으로 구분하였습니다.

1차 평가 이후에 자신이 사건이나 상황을 통제하거나 대처할 수 있는 능력, 즉 **자원**에 대한 평가가 이루어집니다. 이를 2차 평가라고 합니다. 만약 자신이 가진 자원이 문제 상황을 다루기에 충분하다면 스트레스를 거의 느끼지 않고, 오히려 도전하고, 높은 성과를 얻을 가능성도 있습니다. 자원이 충분하지만 해결하는 데 노력도 많이 필요하다면, 어느 정도 스트레스를 느끼겠죠. 그리고 내가 가진 자원이 한없이 빈약하다고 지각한다면, 굉장한 스트레스를 경험하게 됩니다. 결국, 내가 가진 자원이 얼마나 많은지와 내가 사건과 상황에 대처할 수 있는 능력이 있는지가 중요합니다. 즉, **자원과 대처능력**에 따라 스트레스의 영향력이 달라집니다. 그러므로 자원과 대처능력을 기르는 것이 필요합니다. 이제부터 건강심리학자들이 소개하는 자원과 대처를 소개해 드리겠습니다.

개인의 자원은 크게 외적 자원과 내적 자원으로 나눌 수 있습니다. **외적 자원**에는 돈, 시간, 교육, 직업, 친구, 가족, 생활 수준 등이 있습니다. **내적 자원**은 긍정적인 성격, 성실한 태도, 자기 존중감, 개인적 통제감, 긍정적인 자기개념(낙관성) 등이라고 합니다.

일반적으로 자원을 많이 가진 사람들은 그렇지 않은 사람들보다 스트레스 사건이나 상황에 더 잘 대처할 수 있습니다. 자원은 스트레스를 다룰 수 있는 다양한 방식들을 많이 제공해 줄 수 있기 때문입니다. 너무도 당연한 얘기입니다.

그런데 잠깐만 제 질문에 생각을 해보시고 답해주십시오.
질문 1 : 여기 사람이 있습니다. 가난한 사람입니다. 이 사람은 왜 가난할까요?
다시 한번 더 질문하겠습니다.
질문 2 : 여기 사람이 있습니다. 가난한 사람입니다. 이 사람의 나이는 5살입니다. 이 사람은 왜 가난할까요?

질문 1의 답은 고민을 해봐야 합니다. 돈을 벌기 위해 노력하지 않았을 수도 있습니다. 너무 가난한 가정에서 태어나 자신의 삶을 어찌해볼 기회조차 없이 가난을 물려받았을 수도 있습니다. 또 무엇이 있을까요? 부자였는데 조금 전에 모든 재산을 도둑맞았을 수도 있습니다. 또?
질문 2의 답은 뭘까요? 아이의 노력이 부족해서라고 생각하는 사람은 없을 것입니다.

이런 질문을 드리는 이유를 눈치채셨나요? 아이, 청소년, 청년, 성인, 노인은 다릅니다. 하지만 같은 것도 있습니다. 인간이 태어나서 죽을 때까지 어떻게 변해가는지, 변해가는 모습에 영향을 주는 것들에는 무엇이 있는지를 연구하고 설명하는 심리학 분야가 있습니다. 바로 **발달심리학**입니다. 발달심리학에서 수행된 많은 연구에 의하면, 우리가 지니는 다양한 특성에 영향을 주는 요인들이 시기마다, 즉 나이에 따라 다른 경우가 많습니다. 상식적인 얘기라고 하실 수 있습니다. 그 상식적인 것들, 당연하다고 하는 것이 진짜 당연한가에 대해 근거를 기반으로 검증하고 설명하는 학문이 심리학입니다.

다시 스트레스 평가에 영향을 미치는 자원으로 돌아옵시다. 어릴 때 나를 가장 행복하게 했던 것은 무엇이었나요? 힘들 때는 어떤 것에 위로를 받았나요? 초등학생 때는요? 중학생 때는요? 고등학생 때는요? 지금은요?

청년기 사람들, 즉 젊은이들에게 중요한 자원에는 어떤 것이 있을까요? 연구자들은 **개인적 통제감, 긍정적인 자기개념** 그리고 **사회적 지지**를 꼽습니다. 자, 이제 하나씩 짚어봅시다.

개인적 통제감

자신이 처한 상황이나 사건을 통제할 수 있다고 생각하는 사람과 그렇지 않은 사람 중에 누가 스트레스를 덜 받을까요? 자신의 삶에서 일어나는 일들을 자신이 통제할 수 있다는 확신감을 **개인적 통제감**이라 합니다. 이 통제감에 대해 알아차리는 것이 나의 스트레스를 평가하는 데 가장 큰 영향을 주는 자원입니다.

스트레스 상황을 통제할 수 있다는 신념을 가질수록 정서적으로 편안하고, 스트레스에 더 잘 대처합니다. 인지적 과제를 수행하는 능력이 향상되고, 건강한 행동을 하며, 면역기능도 높아집니다. 너무 상식적인가요? 그런데 이 통제감을 상실하게 되는 경우가 있습니다. 한 번쯤은 들어본 듯한 개념인 **학습된 무기력감**입니다.

　셀리그먼(Martin E.P. Seligman)은 개를 우리에 넣고 움직이지 못하게 한 후 반복적으로 전기충격을 주었습니다. 처음에 개는 도망가려 했지만 묶인 상태로 버둥거릴 뿐이었죠. 그렇게 전기충격이 계속되자 벗어나려는 몸짓도 점점 줄어듭니다. 그리고 얼마 지나지 않아 그조차도 하지 않고 무기력하게 고통받습니다. 그 개를 뛰어 넘어갈 수 있는 우리에다 풀어 놓고 똑같은 전기충격을 주었습니다. 개는 뛰어넘기만 하면 얼마든지 벗어날 수 있는 상황이었지만, 지레 포기하고 전기충격을 그냥 받고 있었다고 합니다. 이 모습을 학습된 무기력감이라고 표현합니다.

　이 같은 모습이 사람에게도 나타납니다. 피할 수 없거나 극복할 수 없는 자극이나 환경에 반복해서 놓이게 되면, 무기력감이 학습된다고 합니다. 피할 수 없는 상황에서만 무기력한 것이 아니라, 실제로 자신의 능력으로 피할 수 있는 상황에서도 피할 수 없다는 생각을 하기 때문입니다. 해보지도 않고, 시도조차 하지 않고, 포기한 채, 그저 가만히 고통을 받는다고 합니다. 통제감을 상실해버린 겁니다. 그리고 극심

한 스트레스에 시달리게 되겠죠. 그리고 건강도, 마음도….

통제감 상실과 대조적인 상황도 있습니다. 객관적으로 통제할 수 없는 상황조차 통제할 수 있다는 **통제감 착각**입니다. 적당량의 착각은 나를 살짝 끌어올릴 수도 있습니다. 하지만, 이 마음이 지나치면 어떻게 될까요? 통제할 수 없는데 있다고 우기면서 자신을 몰아칠 수 있습니다. 통제하지 못하는 것과 통제하지 않는 것을 구별하지 못하게 됩니다. 그래서 잘못된 결과에 지나치게 책임을 지려고 합니다. 모든 것이 자신의 잘못인 듯, 잘못된 모든 상황을 자신의 탓으로 여기게 될 수도 있습니다. 그 결과 우울감에 빠지게 될지도 모릅니다.

제 나이쯤 되면 자녀들이 대부분 자기 앞가림을 하거나 앞두고 있습니다. 자식은…. 숙제인 것 같습니다. 오랜만에 만나든 자주 만나든 지인끼리 절대로 하지 말아야 할 질문이 있습니다. 아이는 뭐해? 몇 해 전까지는 다른 질문이었습니다. 아이가 어느 대학 갔어? 자식이 내 맘대로 된다면 얼마나 좋을까요? 여러분도 부모님을 선택할 수 있었다면 얼마나 좋을까요? 이런 것들은 내 맘대로 할 수 없습니다. 그런데 왜 알면서도 착각에 빠져 스트레스받고 있을까요?

저는 인생 드라마로 '오 마이 금비'를 꼽습니다. 치매에 걸린 소녀 금비와 사기꾼 아빠의 성장 드라마였습니다. 거기에 나오는 대사를 수업시간에 자주 소개합니다. 금비의 아버지가 사기꾼임을 안 친구들이 금비를 놀리고 무시합니다.

야! 너네 아빠 감옥도 갔었대면서?

이렇게 비아냥거립니다. 많은 아이들이 동조합니다. 그때 금비의 반응은 어땠을까요. 나는 그런 상황에서 무어라 할 수 있을까 생각해봅니다. 그런데 우리의 금비는 말합니다.

그래. 너네 아빠도 감옥갈지 모르니까 착하게 사시라 그래.

3월 21일은 세계 다운증후군[14]의 날입니다. 제가 처음 심리학을 공부하던 시기에 다운증후군인 사람들의 평균

---

14 다운증후군은 상염색체 이상에 의한 질환 중 가장 흔한 질환으로, 유병률은 750명 중의 1명 정도입니다. 다운증후군은 정상인에서 두 개만 가지는 21번 염색체를 여분으로 1개 더 가지게 되어 생기게 됩니다. 이러한 염색체 이상으로 인해서 특징적인 얼굴과 신체 구조가 나타나게 되며 지능 장애를 가지게 됩니다(국가건강정보포털).

수명을 25세라고 배웠습니다. 하지만 30년이 지난 지금은 50-55세라고 합니다. 호주의 다운증후군인 사람들은 60세라고 합니다. 평균 수명이 길어진 것은 무엇 때문일까요? 환경은 사람들의 삶을 수월하게 변화시킬 수 있습니다. 살면서 겪게 될 모든 일이 나의 행동에 따라 달라진다고만 생각하지 마십시오. 나의 노력도 중요하고 세상도 중요합니다. 비록 드라마의 한 장면이었지만, 초등학생 금비는 정확하게 알고 있었습니다.

현실적인 근거나 판단 기준 없이 무조건 자신을 비난하지 마십시오. 수저로 나뉘는 계급은 여러분 탓이 아닙니다. 미성숙한 어른들 탓입니다. 그런 어른이 되지 않기 위해 세상과 정치에 관심을 가지시면 됩니다. 그리고 하루하루 힘내어 살아가면 됩니다. 그렇게 살아낸 자기 자신의 세월에 책임져야 하는 시기가 오면, 그때 오롯이 탓을 하십시오. 청년은 아직 아닙니다.

통제감은 스트레스 자원에
어떻게 쓰일까?

같은 상황에서 사람들은 각자 다르게 행동합니다. 왜 그럴까요? 이유는 많습니다. 그중 하나로 기대감이 있습니다. 이런 상황에서는 이런 일이 생길 것이다. 내가 이렇게 하면 상대방은 이렇게 할 것이다. 이 같은 기대감과 상황이나 사건의 결과가 주는 보상가치가 우리의 행동을 결정할 수 있습니다. 즉, 동일 상황에서 사람마다 다르게 행동하는 이유는 개인 각자가 판단하는 기대감과 보상가치가 다르기 때문이라고 합니다. 이 기대감과 보상가치는 상황에 따라 달라집니다. 그런데, 사람들은 여러 상황에 대해서 유사하게, 비슷하게, 일관성 있게, 일반적으로 갖는 기대가 있습니다. 이를 심리학자들은 일반화된 기대감이라고 합니다.

일반화된 기대감을 통제감과 연결하여 설명한 심리학자가 **로터**(Julian B. Rotter)입니다. 로터는 **통제소재**(locus of control)라는 용어를 사용하였습니다. 자신의 성공과 실패는 자신의 노력, 능력과 같은 내부요인에 의해 결정된다는 일반화된 기대를 내적 통제소재라고 하였습니다. 반면, 성공과 실패는 자신의 노력보다 운이나 우연 또는 예측할 수 없는 환경의 힘으로 결정된다는 일반화된 기대를 외적 통제소재라고 하였습니다. 통제소재의 위치에 따라 다양한 상황에서 우리의 행동경향성이 달라질 수 있다고 하였습니다.

로터는 통제소재를 측정하는 척도를 개발하였고, 이후 많은 연구가 다양한 영역에서 수행되었습니다. 여러분의 예상처럼 내적 통제소재를 가진 사람들이 외적 통제소재를 가진 사람들보다 성취, 업적, 독립성, 대인관계에 있어서 긍정적으로 관련되어 있다고 합니다. 그리고 우울을 덜 느낀다고 합니다. 건강심리학자들에 의하면, 내적 통제소재를 가진 사람들이 건강정보를 더 적극적으로 찾아보고 건강 증진을 위해 노력을 더 많이 한다고 합니다.

내 인생이 나의 노력보다 운이나 우연 또는 외부의 힘으로 결정된다면 굳이 애쓸 필요가 있을까요. 그런데 나의 노력과 능력에 따라 결정된다면 해볼 만합니다. 통제감이 스트레스 평가에 자원으로 사용될 수 있는 이유입니다.

하지만 여기서 놓치지 말아야 합니다. 내적 통제소재와 외적 통제소재 중에 어느 것이 옳고 그른 것은 아닙니다. 로터 역시 내적 통제소재가 더 좋은 사고방식이고, 외적 통제소재가 안 좋은 사고방식이라고 단정 짓는 것은 너무 단순하다고 경고하였습니다.

당연하지요. 세상사 그렇게 간단하지 않으니까요. 객관적으로 통제할 수 없는 상황에서 외적 통제소재는 보다 더 심리적인 이점이 있습니다. 통제감 착각에 빠지지 말라는 것입니다. 그렇다고 학습된 무기력감에도 빠져서도 안 되지요.

중요한 것은 내가 가진 능력과 자원을 아는 것입니다. 스트레스에 잘 대처하기 위해서는 자신에 대해 잘 알아야 합니다. 내가 가진 자원이 어느 정도의 버팀목이 되어주는지 파악해 보아야 합니다. 그리고 그 버팀목을 하나씩 하나씩 쌓아갑시다. 그게 인생인 것 같습니다.

통제감 키우기

　　우리에게는 통제감의 상실과 지나친 통제감의 착각에서 벗어나 **진정한 통제감**을 가지는 것이 필요합니다. 한계는 인정하지만 무기력하지는 않아야지요. 나의 행동을 결정하는 것은 나입니다. 나의 행동은 나의 환경을 바꿀 것이며, 내가 원하는 결과를 이뤄낼 수 있다고 믿어 봅시다. 그 믿음을 가지고 있을 때 충동을 통제할 수 있습니다. 보다 많은 장기적 보상을 위해 단기적 욕구를 지연시키는 능력이 발달할 가능성이 커진다고 합니다. 그렇다면 우리는 통제감을 키워야 하겠지요.

통제감은 그저 생겨나지 않습니다. 세상의 모든 이치가 그렇듯이 통제감도 노력입니다. 통제감과 밀접하게 연결되는 것이 있습니다. 특정한 상황에서 자신의 행동이 원하는 결과를 만들 수 있다는 신념, 바로 **자기효능감**입니다. 간단하게 표현하면 '할 수 있다'라는 신념입니다.

자기효능감이란 어떤 사람은 항상 높고 어떤 사람은 항상 낮은 그런 개념이 아닙니다. 상황이나 맥락에 따라 달라집니다. 그렇기 때문에 남성, 여성, 노인, 젊은이 누구에게나 자신의 삶의 양식과 일치하는 영역에서는 다른 누구보다도 높은 자기효능감을 가질 수 있습니다. '이건 내가 잘한다'라는 느낌이지요. 즉, 사람들은 누구나 자기효능감을 가질 수 있습니다.

그렇다면, 자기효능감은 어떻게 생겨날까요. '저 사람이 하는 거 보면, 나도 할 수 있을 거 같은데'라는 생각이 들 때 어떠셨나요? '너도 할 수 있어'라는 말을 들으면, 나도 할 수 있을 거 같지 않으신가요? 그래서 해보는데 가슴이 떨리고 불안해서 힘이 드는 것이 아니라, 심장이 쫄깃하기는 하지만 유쾌하다면 또 할 수 있지 않을까요?

반두라(Albert Bandura)는 다른 사람의 경험을 보면서, 타인의 조언이나 충고를 듣게 되면, 행동으로 옮길 때의 유쾌한 정서가 자기효능감을 만들어 낸다고 하였습니다. 그리고 가장 중요한 것 하나를 덧붙였습니다. 바로 **성공경험**입니다. '해보니까 되는구나'라는 성공경험이 쌓여야 '할 수 있다'라는 자기효능감이 만들어집니다. 중요한 것은 '해보니까'입니다.

성공경험은 **자기존중감**도 생기게 합니다. 젊은이는 어린 아이들과 다릅니다. 다른 사람들의 평가만으로는 자기존중감이 채워지지 않습니다. '내 인생은 나의 것'이라는 것을 어렸을 때는 몰랐습니다. 성공경험이야 말로 '나 이런 사람이야!'라는 자존감을 채워줍니다. 자기존중감에 선행하는 것도 자기효능감이었습니다. 자기효능감이 생겨야 '내 인생은 내가 만들어가는 거야'라는 통제감으로 이어집니다. 즉, 통제감의 시작은 바로 성공경험이었습니다.

안타깝게도 우리 사회는 청소년기에 성공경험을 쌓을 기회를 많이 주지 않습니다. 수준이 아니라 순서로 우리를 결정합니다. 모두 받아줄 것도 아니면서 한 곳만 바라보고 달리게 하기 때문이죠. 그곳에 들어가기만 하면 그 뒤에는 어떻게 살아도, 무슨 짓을 해도 세상이 네 편이라는 어른들도 있습니다. 그 속에서 수준이나 만족도를 점검할 여유가 없습니다. 이게 나의 길인지 생각할 겨를도 없이 몰아칩니다. 그러다 보니 성취의 기쁨보다 안도의 한숨을 먼저 쉬게 됩니다. 순서에서 밀리지 않는 것이 인생의 목표처럼 되어버렸습니다.

98점 맞은 성적표를 기쁜 마음으로 부모님께 보여드리면 '잘했구나'라는 격려도 들을 수 있지만, '100점 맞은 애 있니?'라는 말을 들을 수도 있습니다. 얼마나 잘해야 부모님의 기대를 채울 수 있을까요. 그리고 1등이 아닌 학생들은 안타깝게도 셀리그먼의 개가 될 수도 있습니다.

다행스럽게도 성공경험을 쌓을 기회가 곧 주어집니다. 삶의 양식을 내가 정해도 되는, 아니 내가 정해야만 하는 시기에 도달합니다. 모두 똑같을 필요가 없습니다. 이제 국어, 영어, 수학 등급을 딛고 일어날 수 있습니다. 삶의 기준을 내가 정하는 것입니다. 세상은 정말 넓습니다. 세상을 채우는 일을 해볼 수 있습니다.

성공이라는 단어 때문에 뭔가 거창한 걸 해내야 한다는

강박에 사로잡힐 필요도 없습니다. 너무 높은 목표는 해보았자 되지 않을 것 같아서 하기 싫지만, 남들이 하니까 따라 합니다. 안될 걸 알면서도 매달리다 막상 떨어지면 실망만 쌓입니다. 누가 보더라도 대단한 업적을 쌓고 있는 타인의 목표를 내게 적용할 필요는 없습니다. 그렇다고 너무 낮은 목표는 재미가 없습니다. 너무 높거나 낮지 않은 적당한 수준의 목표를 설정하여야 합니다. 그것은 나만이 정할 수 있습니다. 남들의 인정이 꼭 필요한 것은 아닙니다. 나도 아직 잘 모르겠는 '나'를 누가 감히 평가합니까? 타인에게 피해를 주지 않는 일이라면 무엇이든 괜찮습니다.

가만히 있지만 않으면 됩니다. 그 속에서 나만의 목표를 세우는 것이 중요합니다. '해보니까 되는구나'라고 생각할만한 목표부터 이루고, 그저 열심히 다양한 것들을 해보면 됩니다. 꾸준히 하면 됩니다. 그리고 차근차근 그 기준을 높여가면 됩니다. 그렇게 자신만의 성공경험을 쌓다 보면 어느새 튼실한 **자기효능감**이 생깁니다. 자기효능감이 생겨야 내 인생은 내가 만들 수 있다는 통제감이 됩니다. 통제감은 앞으로 나오는 수많은 스트레스 상황을 무사히 버틸 수 있게 해주는 동력이 될 것입니다.

낙관성

    나의 인생은 내가 만들어갈 수 있다는 통제감에 윤활유가 되어주는 것이 있습니다. 바로 **낙관성**입니다. 낙관성은 미래에 대한 긍정적인 태도입니다. 내가 만들어가는 나의 삶은 성공적일 것이라는 믿음입니다. 낙관성이 높을수록 부정적인 측면보다는 긍정적인 측면에 더 주목하는 경향이 있습니다. 그렇다고 마냥 긍정적인 것은 아닙니다. 낙관성은 인생과 세상에 존재하는 부정적인 측면들을 무시하거나 외면하지 않고 인식하고 수용합니다. 그런 부정적인 측면들이 존재하는 것이 삶이죠. 그래도 앞으로 나의 삶은 더 나아지리라고 기대합니다. '다 잘 될 거야! 내가 소망하는 일들이 이루어질 거야!'. 절망 앞에서는 아무것도 하지 않겠지만, 기대와 희망 앞에서는 긍정적인 정서가 생겨납니다. 낙관성은 목표를 이루기 위한 행동으로 이어집니다.

낙관적인 사람과 그렇지 않은 사람들은 왜 그럴까요? 그 차이는 어디서 오는 걸까요? 여러 가지 이유가 있겠지만 한 가지 소개해 드리겠습니다. 셀리그먼의 학습된 무기력감 기억나시죠? 셀리그만은 학습된 무기력감을 연구하던 중 매우 심한 고통을 당해도 결코 무기력해지지 않는 사람과 조그마한 고통에도 쉽게 무너지는 사람들을 보았습니다. 그 차이를 **사람들이 자신의 행동 원인을 추론하는 과정**[15]에서 찾을 수 있었습니다.

낙관적인 사람들은 힘든 일들이 생길 때 그 원인을 주로 자신보다 바깥에서 찾는 경향이 있습니다. 다른 일들과 달리 이 사건만 풀리지 않는다며 특수한 경우라고, 다른 때는 그렇지 않았는데 이번에 좀 어려웠다고 불안정적으로 해석하

15　귀인양식(attribution style)이라고 합니다. 우리는 살아가는 동안 겪게 되는 많은 사건 사고들에 대하여 유사한 패턴의 인과적 설명을 하는 경향이 있습니다.

는 경향이 있습니다. 반면에, 비관적인 사람들은 일이 잘못되었을 때, 즉 부정적인 사건을 겪었을 때 주로 자신의 성격이나 능력을 탓하게 됩니다. 하는 일마다 잘못된다고, 내 인생은 늘 그렇다고 생각하는 경향이 있습니다.

중간고사 성적이 나쁠 때 어떤 생각이 드십니까? '시험 문제 참 어렵네, 다른 땐 잘 봤는데 이번엔 아니네!' 이렇게 생각하는 경향이 있다면 당신은 낙관적인 편입니다. '그럼 그렇지, 내가 하는 일이 잘될 리 없지. 난 부족해. 난 능력이 없어. 항상 시험 성적이 나빠. 뭐 하나 제대로 되는 게 없어!' 이렇게 생각한다면? 그렇습니다. 안타깝게도….

비관적인 생각을 하는 사람들에게 물이 절반 정도 담긴 컵을 보여주면 무어라 할까요? 컵에 물이 2분의 1 있다고 표현하는 사람을 본 적은 거의 없습니다. 우리네 인생에는 참으로 많은 일이 일어납니다. 가만히 들여다보면, 사람들은 다양한 사건에 유사한 방식의 사고를 하는 경향이 있습니다. '반이나 있네'이거나, '반밖에 없네'이거나.

매사에 부정적인 사람과 이야기를 나누어 보셨나요? 불

평불만으로 가득한 사람의 분위기는 나랑 상관없다고 생각하지만, 나도 모르게 어느새 휘감기게 되고, 덩달아 기분이 가라앉는 경험을 해보셨을 겁니다. 다음에 다시 만나자고 예의상 말은 하지만, 글쎄요? 빈말이었을 가능성이 큽니다. 반면에, 긍정적인 사람은 어떤가요? 자신뿐만 아니라 상대방을 응원하기도 합니다. 덩달아 힘이 나는 것 같습니다. 또 만나고 싶어집니다. 낙관적인 사람이 좋으신가요? 아니면 비관적인 사람이 좋으신가요? 누구 곁에 머물고 싶으신가요? 당연히….

낙관적인 사람들은 비관적인 사람들보다 낯선 상황에서도 사회적 지지망을 더 잘 만듭니다. 혼자가 아니죠. 긍정적 정서로 심리적 고통을 덜 경험하는 것을 넘어 튼튼한 사회적 관계까지. 그렇다 보니 낙관적인 사람들은 그렇지 않은 사람들보다 스트레스에 더 잘 대처합니다.

낙관적인 사람이 부러운가요? 그렇다고 마냥 부러워하지 않아도 됩니다. 아무리 비관적인 사람이라도 낙관성을 기를 수 있습니다. 셀리그만에 의하면 낙관성은 학습할 수 있습니다. 어떻게 하면 될까요? 생각보다 간단합니다. 앞서 읽었던 귀인을 생각하면 됩니다. 비관적인 사람들의 생각 패턴을 기억해봅시다. 비관적인 사람들은 일이 잘못되었을 때, 즉 부정적인 사건을 겪었을 때 주로 자신의 성격이나 능력을 탓합니다. 하는 일마다 잘못된다고, 내 인생은 늘 그렇다고 생각하는 경향이 있습니다. 부정적인 생각을 하는 '나'를 지각하고, 이 생각들을 반박하는 연습을 하면 됩니다! 실제로 낙관성 훈련 프로그램을 통해 비관적인 생각을 인식한 후 사건에 대한 부정적 귀인을 반박하도록 배운 사람들은 이후에 우울증을 경험할 확률이 낮아졌습니다. [16] 함께 해보시는 것은 어떨까요?

[16] 낙관성 훈련 프로그램(Seligman, 2002, 2006)

낙관성 키우기

연인과 헤어진 당신. 마음이 아플 겁니다. 억장이 무너집니다. 치킨을 씹어도 바사삭거리는 소리가 마치 마음의 소리 같을 겁니다.

다시는 사랑하지 못할 거야.
사랑도 우정도 망했네.
난 부족한 사람이야.
난 말미잘~. 나는 개똥벌레~. 연인이 없네~.

실연이라는 힘든 사건을 겪고 있는 당신의 '다시는 사랑하지 못할 거야. 사랑도 우정도 망했네. 난 부족한 사람이야'라는 생각을 짚어보십시오.

이 생각들은 '슬퍼, 짜증 나, 우울해'라는 감정으로 이어집니다. 물론 압니다. 헤어짐의 충격 때문에 당장은 짚어볼 수 없다는 것을. 그래도 슬픔이 너무 오래 머무르게 하지 마십시오. 슬퍼하고 있는 나는 당연합니다. 그런데 그 슬픔 앞에 무엇이 있는지, 어떻게 지각하고 있는지 알아채 봅시다. 그리고, 하나하나 반박해보는 겁니다.

다시는 사랑하지 못할 거야.

진짜? 어째서?

음, 그야… 난… 차였으니까, 난 부족한 사람이니까, 쓰읍.

차이면 부족한 사람인가요? 설사 그렇다면? 다르게 볼 여지는 없나요?

나 같은 사람을 찬 사람이 실수한 거야^^.
설사 부족하다면, 그 사실을 알았으니, 채우려고 노력하면

돼. 사랑도 좀 쉬지 뭐.

그동안 만나지 못한 친구들 만날 시간이 생겼네. 오히려 더 좋은 사람 만날 기회가 될지도 몰라.

자기 연민과 비난에서 벗어나 좋은 사람이 되려는 노력은 스스로를 더 당당하게 합니다. 그리고 다음번의 연애에서 더 성숙한 모습을 지닌 선물 같은 사람이 될 수 있습니다. 무엇보다 앞으로의 연애는 잘 될 거라는 믿음. 그럴 수 있을 거라고 믿고 있는 '나' 자신입니다!

어차피 우리는 스트레스 상황에서 벗어날 수 있는 정답을 대부분 알고 있습니다. 너무나 큰 감정적 동요가 그 생각을 흐릴 뿐이죠. 하지만 안개가 짙어도 빛은 어렴풋하게라도 보입니다. 그 빛의 방향을 따라 계속 나아가세요. 유치해 보이지만, 이런 연습들이 비관적인 생각에서 벗어나게 해줍니다.

자신을 비하하지 마세요. 생각이 생각을 잡아먹을 수 있습니다. 그런 나를 알아차려야 합니다. 그래야 스트레스를 해결할 수 있습니다. 누군가 그랬습니다. '행복도 연습이 필요합니다'

사회적 지지

'내가 만들어가는 나의 인생은 잘 될 거야'라는 통제감과 낙관성을 가지고 스트레스를 견뎌냅니다. 견디는 나를 한 발짝 더 나아가게 하는 또 하나의 자원이 있습니다. 바로 누군가로부터 받는 **사회적 지지**[17]입니다. 사랑받고 있다는, 보살핌받고 있다는, 존중받고 있다는, 내 얘기를 들어주고 있다

---

17 스트레스 완충가설(buffering hypothesis)이라고 합니다. 사회적 지지는 개인이 효과적으로 스트레스에 대처하도록 도움을 주어 스트레스의 악영향을 완화시킵니다. 또한, 스트레스와 별개로 우리의 건강과 안녕감을 향상시킨다고 합니다. 이를 직접효과 가설(direct effect hypothesis)이라고 합니다.

는 그런 느낌입니다. 다른 사람이 나를 귀하게 여기는 것입니다. 이렇게 타인과 연결되어 있다는 느낌은 스트레스에 효과적으로 대처하게 합니다. 스트레스의 농도를 낮춰줍니다. 힘들 때, 도움이 필요할 때, 이런 지지가 없다는 것 그 자체가 스트레스입니다. 고립과 외로움이 우리를 병들게 하는 이유입니다.

사회적 지지를 보내주는 사람은 누구일까요? 아무래도 부모, 배우자, 애인, 친구이겠지요? 혹시, 그런 사람들이 많은가요? 혹은 그렇지 않아 속상한가요? 자신의 주변 사람들이 못마땅한가요?

그런데 짚고 넘어갈 것이 있습니다. 나는 누군가를 사랑하고, 보살피고, 존중하고, 얘기를 잘 들어주는 사람인가요? 다른 사람을 귀하게 여기고 있나요? 사회적 지지는 주고받는 것입니다.

통제감도, 낙관성도, 그리고 사회적 지지도 마찬가집니다. 그냥 주어지지 않습니다. 노력입니다. 그렇다고 엄청나게 어렵진 않습니다. 누구나 할 수 있습니다. 하시만 누구도 나를 대신해줄 수는 없습니다. 누구도 내가 아니기(될 수 없기)

때문입니다. 나를 구할 사람은 '나'입니다.

자, 정리하겠습니다. 스트레스를 받으면 우리의 몸, 마음, 행동이 영향을 받습니다. 무엇 때문일까요? 재난사건, 삶의 변화, 자잘한 일상들이죠. 그런데 이런 것들이 모두에게 똑같은 영향을 주지 않습니다. 개인들이 가진 자원을 바탕으로 어떻게 지각하는가에 따라 유스트레스가 될 수도, 디스트레스가 될 수도 있습니다. 중요한 것은 지각입니다. 지각에 영향을 미치는 자원인 통제감, 낙관성이 무엇보다 중요합니다. 내 인생은 내가 만들 수 있다는 통제감, 그런 내 인생이 잘될 것이라는 낙관성이 무엇보다 중요합니다. 그리고 통제감을 키울 수 있는 때가 바로 지금 청년기입니다. 무엇이라도 하면 됩니다. 내 인생은 나의 것입니다.

◇◇◇◇

3부

스트레스
대처

제대로 단장하고
스트레스를 맞이하기

스트레스는 늘 우리 주변에서 기웃거립니다. 고층 아파트에 살고 있어도 창문 너머로 기웃거리는 스트레스…. 피할 수 없다면, 즐…기지 못하더라도 대처는 해야 하겠죠?

대처는 스트레스의 부정적인 부분을 최소화하고자 노력하는 모든 시도입니다. 스트레스를 받을 때, 사람들은 각자 나름의 방법으로 대처를 합니다. 사람들이 사용하는 방법들을 모아보면 특정한 방식이 있습니다.

먼저 **접근대처와 회피대처**[18]가 있습니다. 스트레스 요인과 정면으로 대결하는 것이 접근대처입니다. 스트레스 해결을 위해 정보를 모으거나, 직접 조치하는 등 적극적인 노력을 기울입니다. 반면, 어떤 방식으로든지 스트레스를 피하려는 것이 회피대처입니다. 스트레스에 대해 아예 생각하지 않으려 합니다.

얼핏 생각하면, 접근대처 방식이 옳은 것 같습니다. 그런데 꼭 그렇지만은 않습니다. 모든 것은 지나간다는 말을 들어보셨나요? 금방 지나가서 다시 오지 않는다면, 회피대처 방식도 유익합니다. 금방 지나갑니다! 자신도 어쩔 수 없는 재난 상황도 마찬가지입니다. 일단은 피해야죠. 일단은! 그리고 다시 올지도 모를 재난에 대비해야 합니다.

접근대처와 회피대처는 모두 우리에게 유익할 수 있습니다. 다만 큰 범주로 보면 접근대처가 회피적인 대처보다 더 효율적인 경우가 많습니다.

대처는 **정서 중심적 대처와 문제 중심적 대처**[19]로 나누기도

---

18   접근대처(approach coping), 회피대처(avoidant coping)
19   정서 중심적 대처(emotion-focused coping), 문제 중심적 대처(problem-focused coping)

합니다. 정서 중심적 대처는 부정적인 정서를 낮추려고 행동하는 노력입니다. 문제 중심적 대처는 스트레스 상황 자체를 바꾸려고 행동하는 노력입니다. 정서 중심 대처와 문제 중심 대처 중에서 어느 것이 옳은지, 그른지 따질 필요는 없습니다. 스트레스가 어떤 모습으로 다가오는가, 또는 스트레스 사건이 무엇인가에 따라 우리의 대처방식은 달라져야 하기 때문입니다.

포크만(Susan K. Folkman)에 의하면, 재난과 같이 인간의 통제력을 벗어나는 사건으로 좌절을 겪게 될 때, 문제 중심적 대처보다 정서 중심적 대처가 훨씬 더 적응적이라고 합니다. 삶의 큰 변화 속에서, 또는 일상의 스트레스에서 분명 우리가 어찌할 수 없는 사건도 있습니다. 스트레스의 원인에 대해 높은 통제력을 발휘할 수 있다면, 문제 중심적 대처가 적합합니다. 그러나, 스트레스의 원인을 거의 또는 전혀 통제할 수 없다면, 정서 중심적 대처가 우리에게 더 적합합니다. 그리고 스트레스로 정신없는 나를 먼저 잘 달래고 난 후, 문제를 헤쳐나가야 하는 경우도 많습니다. 그렇기 때문에, 연구자들은 어떤 스트레스든 성공적으로 대처하는 것이 가장 중요하다고 합니다. 성공적이라는 것은 어떤 것일까요?

코헨과 라자러스가 제안한 **성공적인 대처의 기준**을 안내해 드리겠습니다. 먼저 스트레스를 주는 유해환경 조건을 줄이려고 한다면 잘하고 있는 것입니다. 부정적인 사건들과 현실을 그냥 참기만 하는 것이 아니라, 잘 표현하면서 견디는 것입니다. 그 속에 놓여있는 나를 질책하거나 몰아세우지 않고 긍정적인 자기감을 가집니다. 스트레스로 올라오는 정서에 휘감기지 않고 안정된 상태를 유지하려고 합니다. 그리고 마지막으로, 나를 둘러싸고 있는 사람들과 만족스러운 인간관계를 이어갑니다. 이러고 있다면, 이러려고 애쓰고 있다면, 당신은 스트레스에 잘 대처하고 있는 것입니다. 삶을 잘 살아가고 있는 것입니다.

유해환경을 줄이고 부정적인 상황을 견디면서 만족스러운 인간관계를 유지하는 데 바탕이 되는 것이 긍정적인 자기감과 정서적 안정입니다. 2부에서 소개한 통제감과 낙관성이 바로 우리 자신을 긍정적으로 여기게 합니다.

이제, 안정된 정서를 위해 무엇을 할지 알아봅시다. 스트레스로 정신없는 나를 달래는, 정서를 안정시키는, 그래서 스트레스의 농도를 낮추는 방법을 소개하겠습니다. **마음챙김 명상, 이완훈련, 운동, 표현적 글쓰기, 생각 바꾸기**(인지재

구조화) 등이 건강심리학자들이 제안하는 스트레스를 낮추는, 스트레스 관리에 적응적인 방법입니다.

대학생을 위한 정신건강 수업

스트레스 농도 낮추기
: 마음챙김 명상

눈을 감고 깊이 생각하는 명상은 참으로 오래된 역사를 가졌습니다. 명상은 동양의 여러 종교에서 정신수행의 한 방법으로 사용되었습니다. 명상을 과학의 영역으로 옮겨온 사람이 **카밧진**(Jon Kabat-Zinn)입니다.[20] 카밧진은 매사추세츠 의대에서 **마음챙김**[21]에 기반하여 진행되는 스트레스 감소 프

---

20 마음챙김에 기반한 스트레스 감소(mindfulness-based stress reduction, MBSR) 프로그램을 개발하고, 이를 실시한 사람들과 그렇지 않은 사람들을 비교한 연구들에서 차이를 검증하였습니다.

21 마음챙김이란 용어는 팔리어(소승불교 경전에 쓰인 종교 언어로 인도 북부에 기원을 둔 숭세 인도아리아어, 다음백과) 사띠(sati)에 대한 영어번역입니다. 사띠는 알아차림(awareness), 주의(attention), 기억(remembering)의 의미가 있습니다.

로그램을 개발하였습니다. 이 프로그램은 자신의 호흡, 생각, 몸의 감각, 소리, 일상의 활동에 집중하는 명상기술을 가르쳐줍니다. 마음챙김 명상 훈련으로 환자들의 스트레스와 불안, 그리고 우울이 낮아지는 효과가 있었습니다.

명상의 효과가 알려진 후, 명상기술을 사용하는 다양한 프로그램들이 연구되고 개발되었으며, 대부분 8회기로 구성되어 있습니다. 한 회기에 사용되는 시간도 비교적 짧지는 않습니다. 이들의 공통점은 **마음챙김에 기반한 알아차림**(awareness)입니다.

카밧진에서 시작된 마음챙김은 2000년대 들어 미국에서 선풍적인 인기를 끌게 됩니다. 일반인들을 대상으로 하는 명상서적과 수련법은 폭발적으로 늘어났습니다. 그런데 상업적인 목적으로 연구들을 오도하거나 왜곡하는 부작용도 생겨났다고 하는 주장들도 있습니다. 우리나라는 어떨까요? 한 신문기사에 의하면 마음챙김이 들어간 국내 도서만 해도 300권 가까이 된다고 합니다.[22]

---

22 동아일보, 2022.09.04.

최근에 와서는 마음챙김이 과장되었다는 주장들도 있습니다. 단순히 혼자 있는 것만으로도 긴장감이 이완되고, 스트레스가 감소될 수 있다고 합니다. 저는 개인적으로(저의 사견입니다) 마음챙김 명상을 젊은이들에게 권하지는 않습니다. 명상의 효과를 폄훼하고자 하는 것은 절대 아닙니다. 저도 수업시간에 명상을 소개합니다. 다만 프로그램에 참여하고 명상기술을 익히는 데는 시간과 에너지가 필요하기 때문입니다.

개인이 가진 자원도 다르고, 인생발달 단계마다 집중할 것들도 다릅니다. 발달심리학 지식을 빌려서 젊은이들을 바라보면, 청년기에 해야 할 발달과업이 많습니다. 청년들은 괜찮은 어른이 되려고 무척 애쓰고 있습니다. 어른은 그냥 되는 것이 아니기 때문이지요. 많은 것을 경험해봐야 합니다. 그래서 참 많이들 바쁩니다. 조금 더 시간이 많아지는 시기에, 나이가 들어서 쉼이 필요할 때 해도 괜찮을 듯합니다. 인생의 시점마다 가성비가 다를 수도 있기 때문입니다.

저는 은퇴 후에 해볼 생각입니다. 지금의 저에게는 학교에 다니는 세 명의 자녀와 남편이 있습니다. 그리고 저는 직장에 다니고 있습니다. 잠을 줄이지 않는 한, 그다지 시간이

넉넉하지 못한 편입니다. 일부러 몇 시간씩 내어 무엇인가를 하기에는 나에게도 하루가 24시간뿐입니다. 잠을 줄여볼까요? 아마도 다른 일들을 제대로 하지 못할 수 있습니다. 다른 일들은 다른 사람의 도움을 받아 해결할 수도 있습니다. 하지만 저의 경제적인 여건뿐 아니라 삶의 태도와 맞지 않습니다. 제가 옳은 것이 아니라 저의 가치관이 그럴 뿐입니다.

스트레스를 줄이는 많은 방법 중에서 지금의 나에게 가장 알맞은 방법을 찾으면 됩니다. 누가 무엇을 한들 부럽지 않습니다. 응원합니다. 우리는 처한 상황이 모두 다릅니다. 나는 나에게 가장 효율적인 방법으로 건강하면 됩니다. 나는 누구와도 같을 수 없으니까요.

스트레스 농도 낮추기

: 이완훈련

이완훈련은 말 그대로 우리의 몸과 마음의 긴장을 풀어 느슨하게 하는 것입니다. 어린 시절, 학교 가기 싫은 날 아침에 배가 아팠던 기억이 있으신가요? 누군가는 꾀병이라고 했지만, 진짜로 아팠습니다. 마음이 불편하면 몸도 불편해집니다. 신체형 장애[23]라고도 하는 이 상황을 거꾸로 생각해봅

---

23 신체 질환처럼 보이는 정신 장애로, 환자가 다양한 신체 증상을 호소하지만, 이에 합당한 검사 소견이 발견되지 않고 기존의 신체 질환으로 환자가 호소하는 증상을 설명할 수 없는 상태를 말합니다. 환자가 울렁거리고 소화가 되지 않아 병원에 방문해 여러 가지 검사를 했는데도 검사 결과상 아무런 이상 소견이 없는 경우에 신체형 장애로 진단될 수 있습니다. 환자가 호소하는 증상에 맞는 검사 소견, 신체 질환이 없다고 하여 환자가 꾀병을 부

시다. 지금의 긴장된 몸을 이완시키면 마음의 긴장도 이완될 가능성이 있습니다.

　　이완훈련은 스트레스 농도를 낮추는 방법 중에서 가장 단순하면서도 쉬운 방법입니다. 여기에는 **점진적 근육이완법**[24], **호흡법, 심상요법, 요가, 명상** 등이 있습니다.

　　점진적 근육이완법은 **제이콥슨**(Edmund Jacobson)이 개발하였으며, 스트레스를 낮추기 위해 인위적으로 근육을 긴장시켰다가 이완시키는 방법입니다. 주먹을 꽉 쥐었다가 풀 듯이 신체의 여러 부위 근육에 힘을 주었다가 풀기를 반복합니다. 많은 연구에서 이 방법이 우울, 불안, 고혈압, 불면증 같은 스트레스 관련 장애에 효과가 있다고 합니다. 인터넷에서 검색하면 쉽게 따라 해볼 수 있습니다.

　　이완훈련 방법들은 호흡을 기반으로 합니다. 우리의 (마음)정서와 호흡을 연결해봅시다. 불안하거나 화날 때의 호흡과 편안할 때의 호흡은 달랐습니다. 투쟁 또는 도피 반응이

리는 것은 아닙니다. 환자는 실제 신체 질환과 동일한 신체 증상을 느끼고 있습니다. 그러므로 환자가 느끼는 좌절과 절망을 먼저 이해해야 합니다(서울아산병원 질병백과).

24　점진적 근육이완법(progressive muscle relaxation, PMR)

기억나지요? 빠르고, 거칠고, 얕고, 몰아 쉬는 짧은 숨을 내쉴 때와 천천히 고른 숨을 내쉴 때의 나를 돌아봅시다. 그런데 다시 생각해봅시다. 우리는 긴장되고 불안하고 놀랐을 때 빠르게 몰아 쉬는 숨을 쉬기도 합니다. 이런 숨쉬기는 우리 마음을 더 불안하게 합니다. 그렇다면 거꾸로 천천히 부드럽고 길게 숨을 쉬어보세요. 긴장이 완화되고 편안한 상태가 될 수 있습니다. 이러한 호흡법이 **복식호흡**입니다. 복식호흡을 훈련하고 생활화하면, 스트레스로 생겨나는 몸의 긴장을 더 잘 다룰 수 있습니다.

복식호흡은 가슴이 아니라 배를 부풀렸다가 가라앉히기를 반복하는 것입니다. 편안한 자세로 앉거나 누워 두 눈을 감고, 두 손을 아랫배에 올려놓습니다. 코로 숨을 들이마시고 입으로 뱉습니다. 코로 숨을 들이마시고 내쉴 때, 아랫배에 올린 손이 나오고 들어가는 것을 의식합니다. 숨을 들이마시는 시간보다 내뱉는 시간을 더 길게 합니다.[25]

---

25 보건복지부 국립정신건강센터. 마음 안정화를 위한 복식훈련 기법(유튜브)을 보고 해봐도 좋습니다.

① 편안히 누워(앉아) 눈을 감고, 두 손을 아랫배 위에 올려놓는다.

② 코로 천천히 숨을 들이마시면서 배를 내민다.

(4초 : 하나, 둘, 셋, 넷을 맘속으로 세면서 숨을 들이마셔도 됩니다)

③ 내밀었던 배를 넣으면서 천천히 숨을 내쉰다.

(5초 : 하나, 둘, 셋, 넷, 다섯을 맘속으로 세면서 입으로 숨을 내쉬어도 됩니다)

심상요법은 상상을 통해 몸과 마음을 이완시켜서 스트레스를 낮추는 방법입니다. 종이에 손을 삭~ 베었을 때를 생각해보십시오. 윽~ 하고 몸이 움츠러듭니다. 생각만으로도 몸이 긴장합니다. 마음도 불편합니다. 우리는 생각만으로도 스트레스를 받습니다. 실제 일어나지 않은 사건을 생각하는 것만으로도 스트레스 반응이 일어날 수 있습니다. 거꾸로, 평화로운 장면을 떠올리는 것만으로도 이완반응이 일어날 수도 있습니다. 이렇게 만들어진 것이 심상요법입니다.

심상요법은 질병 치료 과정에 사용되고 있습니다. 아프거나 불편한 환자들에게 평화로운 장면을 떠올리고, 그 장면에 마음을 집중하도록 합니다. 이 과정은 편안한 상태를 가져오고 불편한 느낌을 줄여준다고 합니다. 가상현실 도구들이 개발되면서 심상을 통한 이완과 치료들이 더 많이 사용되고 있습니다. 평화로운 풍경을 담은 가상현실 공간에서 이완을 유도하였을 때, 치과 진료 전에 겪는 불안이 완화되었다는 국내 연구도 있습니다. 심상요법은 스포츠에서도 사용되고 있습니다. 극도로 긴장되는 순간에 자신의 멘탈을 부여잡기 위해 운동선수들이 사용하고 있습니다. 최근에는 외상치료에도 사용됩니다. 심상요법은 몸을 이완시켜 마음을 안정시키는 것에서 더 나아가 심리치료에 사용되고 있습니다. 바로 심상 재각본 기법입니다. 이 기법은 외상(정신적 충격)적인 심상의 내용을 수정하는 과정을 통해 정서를 조절하고, 부적응적인 신념을 변화시킵니다.

심상요법에서는 보편적으로 고요한 해변, 푸른 산, 호수와 정원 등의 평화로운 풍경을 사용합니다. 누구나 흔하게 떠올릴 수 있는 이러한 풍경들은 우리에게 안정감을 주는 장면입니다. 이런 장면으로 수업을 진행하다가 더욱 개별화된 심상들이 필요해졌습니다.

학생들과 바닷가를 배경으로 심상을 유도하며 긴장과 불안을 낮추는 수업을 진행하였습니다. 수업이 끝나고 한 학생이 찾아왔습니다. 자기는 바다가 무섭다고 했습니다. 심상요법을 진행해보면, 푸른 바다를 좋아하는 학생들이 있는 반면에 그렇지 않은 학생도 있습니다. 밤하늘을 좋아하는 학생들이 있는 반면에 두려워하는 학생도 있었습니다. 보편적으로 우리에게 안정감을 주는 풍경들이 있지만, 좀 더 가까이 들여다보면 그 속에서도 차이가 납니다. 나는 다수의 사람에 속할 수 있지만, 그 정도에서는 차이가 날 수도 있습니다. 우리는 살아온 날들이 다릅니다. 경험도 다릅니다. 개인 간에는 차이가 있습니다. 그러다 보니 개개인에게 맞는 보다 더 효율적인 심상요법이 필요해졌습니다. 그래서 '내편하기(내가 만드는 편안함 행동하기)'를 생각하게 되었습니다. 내편하기는 4부에서 소개합니다.

스트레스 농도 낮추기

: 운동

　불안에 대처하는 방법으로 이완훈련을 권장하는 반면, 우울감에 대처하는 방법으로 운동[26]을 권유합니다. 병적인 우울 상태, 즉 우울장애인 사람들은 치료를 받아야 합니다. 하지만 학교나 직장을 다니고 있는, 즉 삶에 있어서 정상적으로 기능하고 있는 사람들이 느끼는 우울한 기분은 사람들을 둘러싸고 있는 환경 때문일 가능성이 큽니다.

26　운동의 효과를 여기에서 적는 것이 이 책을 쓰는 이유는 아닙니다. 그런데 학교 수업에 참여하고 있는 학생들에게 지금의 우울감을 너무 염려하지 말라는 의미에서 간단하게 적습니다.

많은 청년이 집을 떠나 생활하고 있습니다. 하루의 일과를 마치고 돌아갈 곳은 겨우 몸 하나 누일 수 있는 원룸이 대부분이겠지요. 어두운 방, 불을 켜고, 가방을 내려놓고, 작은 의자에 기대어 앉습니다. 내 말을 들어줄 사람도, 같이 밥 먹을 사람도 없습니다. 그렇지 않아도 좁은 방이 더 좁아지는 기분입니다. 그 좁은 방에서 우울감이 다가오지 않는다면, 그게 더 이상하겠지요. 그래도 지금의 시기를 견디어 좋은 날을 기약할 수 있다면, 그나마 괜찮습니다. 그렇지만 우리 사회가 희망이 없는 상황 속에 정체되어 있다면, 우울감은 우리의 발목을 잡고 놓지 않을 것입니다. 우울감에 발목 잡힌 나는 잘못이 없습니다. 그러니까 우울한 기분에서 빠져나와야 합니다. 아니, 걷어차야 합니다.

가장 손쉬운 방법은 바로 운동입니다. 운동은 뇌에 산소를 공급하고, 체내의 염분을 배출하고, 숙면에 도움을 줍니다. 혈당, 혈압, 혈중 지질, 그리고 체지방을 감소시켜 만성 질환도 개선할 수 있습니다. 운동으로 골밀도, 근력, 근육량이 증가합니다. 인슐린 민감성이 향상되고, 기초대사량도 증가합니다. 특히, 운동은 세로토닌과 엔도르핀이라는 신경전달물질의 분비를 촉진하여 정서조절을 도와줍니다. 그래서 운동을 하면 우울감에 대처할 수 있습니다.

슈랜드와 **디바인**(Joseph Shrand & Leigh M. Devine)은 우울증을 겪는 202명의 사람을 운동만 하는 집단과 항우울제만 복용한 집단으로 나누어 관찰하였습니다. 4개월 후 운동만 한 집단과 항우울제만 복용한 집단이 비슷한 수준으로 호전되었습니다. 10개월 후에 항우울제만 복용한 집단보다 운동만 한 집단의 재발률이 훨씬 더 낮았습니다. 이는 약이 필요하지 않다는 주장이 아니라, 운동의 어마어마한 효과를 한 번 더 강조하는 것입니다. 그 효과의 시작은 움직이는 것입니다.

운동은 시간과 노력과 에너지가 듭니다. 그럼에도 불구하고 우리가 할 수 있는 것 중에 비용대비 가장 효과가 좋은 것이 운동이라고 합니다. 과한 자의식 때문에, 보여주고 싶은 욕망 때문에, 또는 다른 많은 이유로 건강한 몸에 대한 기준은 사람마다 다릅니다. 어디서 어떤 운동을 하든지 그것도 자신의 자원 안에서 해결하면 됩니다. 누구처럼 운동 부자가 될 필요는 없습니다. 운동이 직업인 사람들은 운동이 지겨울 수도 있습니다.

살을 빼려고 하는 것이 아니라면 매일 20분 산책하는 것만으로도 스트레스 해소에 도움이 된다고 합니다. 학교 집, 학교 집, 회사 집, 회사 집이었던 생활 반경을 넓혀볼까요.

무언가 기분 좋은 일을 발견할지도 모릅니다. 원룸에서 먹는 배달음식도 줄일 수 있습니다. 좋아하는 노래를 들으면서 조금 멀리 있는 식당을 골라 걸어갑시다. 걷는 시간이 아깝다고 생각하지 마세요. 단지 걷는 것처럼 보이지만 가깝게는 배달비는 물론 미래의 병원비를 아껴줍니다. 세상에서 제일 건강한 방법으로 돈을 번다고 생각하면, 산책이 아깝게 느껴지지 않을 겁니다. 그리고 무엇보다도 이런 움직임은 우울감 조절에 가성비가 좋습니다.

스트레스 농도 낮추기
: 정서적 노출

억울하고 분하고 화가 날 때 어떻게 하시나요? 1번, 참
는다. 2번, 화낸다. 정답은 2번입니다. 괴롭고 억울하고 분
하고 화가 날 때 스트레스 농도를 낮추는 방법으로 **정서적 노
출,** 즉 자신의 감정을 드러내는 것이 좋은 대처방법이라고 합
니다. 그런데 여기서 감정을 노출하라는 말을 오해하지 않길
바랍니다. 감정을 드러내는 것은 단순하게 울고불고, 웃고,
소리를 지르고, 물건을 집어 던지는 것이 아니기 때문입니
다. 자신의 감정을 언어로 바꿔 표현하면서, 찬찬히 그것을
들여다보는 것입니다. 화가 나면 화를 내는데, 그 화를 잘 내
는 것입니다.

오래전부터 우리는 이 방법을 알고 있었습니다. 자신의 힘든 마음이나 자신이 지은 죄를 고하고, 그로 인해 안고 있던 무거운 마음이나 죄책감을 덜어냈습니다. 이는 여러 종교에서 사용되고 있습니다. 그럴 형편이 아니면 대나무 숲에 가서 '임금님 귀는 당나귀 귀'하고 큰소리로 외쳤습니다. 마음이 조금 후련해지기 때문입니다. 이러한 행위가 스트레스를 감소시킨다고 검증한 연구가 실제로 있습니다.

페니베이커(James W. Pennebaker)는 학생들에게 자신의 생애에서 가장 정신적 충격을 받았던 사건에 대해 글을 쓰도록 하였습니다. 학생들은 글을 쓴 직후에는 일시적으로 부정적인 감정을 크게 경험했지만, 그 고통이 계속되지는 않았다고 합니다. 연구가 끝날 무렵에는 학생들의 대부분이 글쓰기 덕분에 사건에서 새로운 의미를 찾아냈다고 보고하였으며, 6개월 후에는 교내 건강센터를 방문하는 일이 훨씬 줄었다고 합니다.

페니베이커의 또 다른 연구도 있습니다. 스트레스를 받은 사건에 대해 녹음하거나, 일기를 쓰거나, 치료자에게 말하는 등의 방법을 사용한, 즉 언어로 감정을 표현하게 한 사람들이 피상적이거나 감정이 없는 주제에 관해 쓰거나 말했던 사람들보다 신체뿐만 아니라 심리적으로도 더 건강해졌습니다. 페니베이커에 의하면 이 효과는 성별, 나이, 민족에 따라 다르지 않았다고 합니다.

제 친구는 저와 만나면 한결같이 같은 이야기를 했습니다. 시어머니와 시누이들 흉이었습니다. 젊은이들은 이해하기 어렵겠지만 결혼한 여성들의 인간관계에서 빠지지 않는 사람들입니다. 오죽하면 시월드라는 이상한 단어도 생겨났겠습니까. 시어머니와 시누이의 행동거지는 제가 듣기에도 한편의 막장드라마였습니다(하지만 사람 얘기는 양쪽 다 들어보아야 합니다). 한결같은 흉보기는 10년을 이어오더니 어느 시점에선가 그 정도가 약해졌습니다. 그리고 어느 순간에는 거기에 매달려 있는 자신의 인생이 아깝다고 하더군요. 그러더니 요즘은 가끔 아주 가끔 웃으면서 얘기합니다.

누군가가 같은 얘기를 반복하고 또 반복하고 있다면 어떻게 해야 할까요? '듣기 좋은 꽃 노래도 한두 번인데, 이제 그만하고 발전적인 생각을 하는 게 어떨까?'라고 충고를 하시나요? 충고는 전혀 도움이 되지 않습니다. 그 사람도 알고 있습니다. 다만 마음이 머리를 이기지 못하고 있을 뿐입니다. 아마도 그 사람은 너무도 억울하고 분하고 속상한 마음에 갇혀 있을 것입니다. 그런 친구에게는 그냥 가만히 앉아 들어주세요. 반복하고 반복하는 이야기가 희미해질 때까지 옆에서 들어주세요. 마음이 머리에 닿을 때까지 들어주세요. 지겹겠지만 들어주세요. 그게 어렵다면 차라리 만나지 마세요. 입바른 소리는 아닙니다. 이런 제 말이 오히려 야속하신 가요? 바로 그 느낌입니다. 당신의 마음을 몰라주는 충고는 당신의 마음을 더 불편하게 합니다.

자신에게 초점을 두어봅시다. 혹시 같은 이야기를 반복하고 또 반복한 적이 있으신가요? 이 사람에게 한 얘기를 저 사람에게 하는 나, 심지어 같은 사람에게 만날 때마다 같은 말을 반복해서 호소하신 적이 있나요? 그렇다면 당신은 굉장히 억울하거나 분하거나 속상하기 때문입니다. 그 마음이 풀릴 때까지 당신은 계속 그럴 가능성이 있습니다. 그런 당신의 모습에는 이유가 있었던 것입니다. 그럴 때 필요한 것이 바로 현명하게 정서를 노출하는 것입니다.

자신의 힘든 경험을 말이나 글로(언어로) 표현하는 것은 생각과 느낌을 의식적으로 직면하게 합니다. 즉, 자신이 받는 스트레스가 무엇인지 생각하게 하고, 어떤 느낌이 들었는지 알게 합니다. 부정적인 정서에 휘둘리지 않고 부정적인 정서에 휘둘렸던 자신을 이해하게 합니다. 그리고 같은 상황이 다시 온다면 어떻게 할지 계획을 세우기도 합니다.

물론 힘든 경험을 드러내기는 쉽지 않습니다. 그런데 참는다고 사라지지도 않습니다. 부정적 감정은 삶에서 피할 수 없습니다. 그런 불쾌한 감정을 잘 표현할 때 몸과 마음이 편안하고 건강하고 행복해집니다. 감정을 표현하면 처음엔 힘듭니다. 하지만 그 과정을 반복하면서 의미 있는 설명을 찾게 됩니다. 그런 내 사정을 들어줄 친한 사람이 있다면 당신은 참 건강한 사람입니다. 그런데 아무리 친해도 말하기 꺼려질 수도 있습니다. 자존심이랄까요. 그래서 비용을 치르고 그 과정을 도와줄 수 있는 사람을 찾기도 하죠. 상담입니다. 그것도 부담스럽다면 종이에 말을 걸어봅시다. 나만 볼 수 있는 곳에 감정을 털어놓는 연습을 반복하시면 됩니다.

스트레스 해소와 마음건강에 대한 관심이 높아지면서 치유하는 글쓰기 프로그램들이 생겨났습니다. 그 프로그램들의 공통점을 소개합니다.

① 한 번으로 끝나지 않고 시간을 두고 여러 번 작성합니다. 단순한 감정이라면 상처를 받지도 않았을 것입

니다. 여러 날에 걸쳐 쓰기를 합니다.

② 주제는 자신과 관련된 것이어야 합니다.

③ 매일 쓰지 않아도 됩니다. 감정이 올라올 때 써도 됩니다. 선생님께 제출해야 하는 일기가 아닙니다. 매일 써야만 한다는 생각이 힘들게 할 수도 있습니다.

④ 쓰다가 너무 힘들면, 즉 감정이 너무 올라와 감당하기 힘들다면 글쓰기를 잠시 중단해도 됩니다. 전문가를 찾아가거나 주제를 바꿔도 됩니다.

스트레스 농도 낮추기
: 생각 바꾸기(인지재구조화)

스트레스를 받으면 부정적인 사고가 자연스레 생겨나기도 합니다. '못난 나'에 대한 자기비하가 자꾸 재생산됩니다. 이 상태를 오래도록 방치하면 무기력해지거나 심지어 나를 해치게 될 수 있습니다. 그런 자신(행동) 때문에 또 스트레스를 받고 더 깊은 자기비하의 늪에 빠지는 악순환이 반복되기도 합니다.

앨리스(Albert Ellis)와 **벡**(Aaron T. Beck)에 의하면, 사람들이 겪는 심리적인 고통은 스트레스 사거 자체보다 그 사건에 대한 비논리적인 신념에서 올 수도 있다고 합니다. 그런 생각과 사고가 자동으로 일어나 자신과 세상 그리고 미래를 부정적으로만 보기 때문에 고통스럽다고 합니다. 이런 사고를 많이 하는 사람일수록 그렇지 않은 사람들과 비교해 보았을 때 동일 상황에 대해 더 부정적으로, 더 절망적으로 생각합니다. 그래서 더 스트레스를 받게 됩니다. 앨리스와 벡은 이러한 사고를 바꾸는 방법들을 사용하여 사람들의 정신건강을 도왔습니다. 인지행동치료(cognitive behavior therapy, CBT), 합리적-정서적행동치료(rational-emotive behavior therapy, REBT) 등을 비롯하여 여러 가지 프로그램이 있으며, **인지 치료**라는 이름으로 불립니다. 이들은 신념, 생각, 태도, 기술 등을 수정하여 긍정적인 행동을 만들어 내는 것을 목표로 합니다.

스트레스에 잠식된 상태에서 나를 힘들게 하는 이 생각이 '비합리적인 신념'이라고 자각하는 것은 쉬운 일이 아닙니다. 그렇지만 조금만 노력하면 알 수도 있습니다. **마이켄바움**(Donald H. Meichenbaum)에 의하면, 미리 스트레스받을 때의 나를 돌아보는 것으로 다가올 스트레스에서 벗어날 수 있다고 합니다. 마치 예방주사를 맞는 것처럼요.

자신이 어떨 때 가장 스트레스를 받는지, 스트레스를 자주 받는 상황은 언제인가 돌아봅니다. 그리고 그때의 내가 자신을 비하하지는 않았는지 생각해봅시다. 저는 이 방법으로 저의 스트레스 주기를 알았습니다. 학기 말, 저에게는 큰 스트레스가 찾아옵니다. 학생들의 성적을 평가하고 저 역시 학생들로부터 평가를 받습니다. 학기 초에 평가 기준을 설명했음에도 불구하고 막상 평가하는 순간에는 우울감이 찾아옵니다. 상대평가는 잔혹합니다. 학생 대부분이 훌륭해도 A등급과 B등급으로 구분 지어야 합니다. 등급이 구분되는 지점에 있는 학생들은 저를 울적하게 합니다. 이 감정은 옳고 그름이 아닙니다. 그냥 저는 우울해집니다. A등급을 받지 못한 학생들을 걱정하면서 이 기분에서 벗어나고 싶다. 이 직업을 관두고 싶다. 그럼 뭐 먹고 살지? 누군가는 참 가소로운 걱정을 한다고 할 수도 있습니다. 다시 말씀드리지만 이건 옳고 그름의 문제가 아닙니다.

평가를 받을 때도 스트레스를 받습니다. 말하기 쑥스럽지만, 저의 수업은 나름의 인기가 있습니다. 강의 평가 결과도 나쁘지 않습니다. 사실~ 좋은 편입니다. 막상 적고 보니 매우 부끄럽군요. 아무튼, 코로나로 인해 원격수업으로 내제되면서 200명의 학생을 가르친 적이 있습니다. 강의실 수업은 공간의 제약으로 70명 정도만 들을 수 있었습니다. 그런데 코로나 때문에 재택수업으로 전환되면서 많은 학생과 함께할 수 있었습니다. 많은 학생에게 강의했고, 강의 평가 결과는 나쁘지 않았습니다. 학교는 교수자들의 발전을 위해 여러 가지 평가결과 자료를 제시해 줍니다. 교수들은 자신에 대한 평가를 세부적으로 확인할 수 있습니다. 숫자로도 보여주고, 내용으로도 보여줍니다. 학생의 대부분이 5점 만점에 5점으로 몇몇이 4점으로 평가하였습니다. 평균 점수가 높았습니다. 그런데 그보다 더 마음이 확 쏠리는 건 1점으로 평가한 두 명의 학생이었습니다. 이때 어떤 생각이 들었을까요?

한때 저는 마음이 쿵 내려앉았습니다. 내가 뭘 잘못했을까? 이 학생들은 왜 이렇게 평가했을까? 난 능력이 없는 것 같아. 이러다 짤리면 어떡하지. 그리고 스트레스에 일상을 내어줘 버렸습니다. 우울감에 풍덩 빠졌습니다. 한 번 더 말씀드리지만 이건 옳고 그름의 문제가 아닙니다. 그냥 저의 논리적, 이성적, 합리적이지 않은 생각들이 저를 우울로 끌고 간 것입니다. 그런 네가 잘못이라고 하지 마십시오.

다시 정신 줄을 잡고 생각해봅니다. 모두에게 칭찬받지

못했다고 해서 내가 무가치한가? 이런 생각은 어디서 온 것일까요? 그리고 이런 생각이 오히려 잘못된 것이라는 것을 알아차립니다. 더 나아가 그 두 명을 생각해봅니다. 어쩌면 잘못 클릭했을 수 있습니다. 후다닥 평가를 끝내느라 잘못 눌렀을 겁니다. 다른 생각도 해봅니다. 그 두 명은 원래 부정적인 성향을 지녔을 거야. 내 강의에 이 정도면 다른 수업에는 욕이라도 썼을 거야. 200명 모두에게서 칭찬을 받으면 좋겠지만, '그런 일은 잘 일어나지 않을 거야'라고 생각합니다. 이 정도의 평가도 훌륭하다고 생각합니다. 이렇게 자신에게 말을 걸며 비논리적인 생각에서 벗어납니다. 이런 시간을 보내면서 이제는 강의 평가 결과에 스트레스를 덜 받습니다. 오히려 기말고사 기간이 되면 곧 다가올 학생들 평가와 학생들로부터 받는 평가를 예상하면서 미리 마음을 다잡습니다. '모두에게 사랑받는 건 불가능한 일이야. 어쩔 수 없는 건 어쩔 수 없는 대로'라고 생각하며, 제가 해야 하는 일에 집중합니다. 그리고 수업을 통해 저도 성장할 수 있도록 기회를 준 학생들에게 오히려 감사하며 더 나은 수업을 구상합니다.

엘리스와 벡은 보통의 우리가 범하기 쉬운 잘못된 신념들의 사례와 그 생각을 바꾸는 기법을 제안하였습니다. 이 방법을 사용하여 치료하고, 이 방법을 널리 알리고, 더 나은 기법에 대하여 배우고 익히는 인지치료학회가 있습니다. 세부적인 내용을 다루는 책들도 많이 있습니다. 인터넷에 검색해보면 엘리스와 벡이 제안한 대표적인 잘못된 생각들이 있습니다.

스트레스 농도는 낮추었다
: 그래도 문제는 남는다

　명상하고, 이완훈련하고, 운동하고, 감정을 잘 드러내고, 생각을 바꾸는 작업을 통해 스트레스로 올라오는 정서와 몸의 긴장을 다룸으로써 스트레스 농도를 낮출 수 있습니다. 그런데, 그래도 변하지 않는 것은 문제(시험, 과제)가 사라지지 않는다는 것입니다. 그래서 우리는 스트레스로 올라오는 부정적인 정서를 다룬 후에는 문제를 들여다봐야 합니다. 스트레스를 일으키는 문제 자체를 해결하려는 행동들이 생겨나야 합니다. 어떻게 해야 할까요?

　우리의 일상은 해결해야 할 문제들로 가득 차 있습니다.

그래서 스트레스죠. 순서대로 줄지어, 때로는 한꺼번에 몰려오기도 합니다. 해결하고 싶은데 잘 안됩니다. 안되는 이유는 수십 가지, 수백 가지가 넘을 수도 있습니다. 그중에서 사람들이 공통으로 꼽는 게 있습니다. 바로 시간이죠. 시간이 없거나, 한 일이 없는데 시간은 훌쩍 흘렀습니다. 그래서인지 효율적인 시간 관리에 관한 책과 앱이 넘쳐납니다. 한 번쯤 시도해 보셨을 겁니다. 잘하셨습니다. 무엇인가, 누군가의 도움을 받는 것도 스트레스 관리에 필요합니다. 사회적 지지에 이런 것도 포함됩니다. 그런데 이런 도움을 받아도 시간 관리가 잘되지 않을 수 있습니다. 왜 그럴까요? **대학생들이 시간을 낭비하게 되는 이유** 중 몇 가지를 소개하겠습니다.

먼저, **중요한 일, 먼저 해야 할 일**을 알면서도 못할 때가 있습니다. 중간고사가 다가옵니다. 적어도 2주나 3주 전부터 시험공부를 계획합니다. 계획은 잘 세웠는데, 할 일이 많이 보입니다. 정렬되지 않은 책꽂이가 눈에 들어옵니다. 책상이 지저분합니다. 깨끗하게 정리된 책상에서 공부하면 더 잘 될 것 같습니다. 책장과 책상을 정리합니다. 하는 김에 방 청소도 합니다. 정리하느라 시간을 썼습니다. 정리하느라 땀이 났으니 씻어야겠지요. 씻고 나니 조금 피곤하네요. 한 시간만 자고 밤새워 공부하기로 합니다. 딱 한 시간만. 그런데 그게 잘 안됩니다. 알람에 억지로 눈을 뜹니다. 책을 폅니다. 반은 졸고 반은 잠에서 깨려고 애쓰고. 자는 것도 아니고, 공부하는 것도 아니고. 내가 아닌 다른 사람이 이러고 있다면 어떻게 하시겠어요?

그냥 자라. 그러다 내일도 망친다.

시험 기간만 되면 보고 싶은 책들이 생기고, 평단의 찬사를 받는 영화가 나오고, 군대 간 친한 친구가 휴가를 나오기도 합니다. 갈등이 생깁니다. 갈등 끝에 모든 것을 미루고 시험공부에 매진하거나, 갈등을 이겨내지 못한 채 책을 보거나 영화를 보거나 친구를 만납니다. 전자라면 훌륭하다고 칭찬해드리고 싶습니다. 바람직한 행동이지만 쉬운 게 아니거든요. 그런데 후자일 때도 많습니다. 바람직하지 않은 그런 우리 모습은 왜일까요? 심리학에서는 **자기 불구화 전략**[27]이란

---

[27] 수행에 대한 실패를 정당화할 수 있는 구실을 미리 만들어 실패하더라도 자존감을 손상하지 않고, 뜻밖의 성공을 하게 되면 자존감이 더욱 고양되는 상태를 말합니다. 책상과 책장은 항상 지저분했습니다. 군대 간 친구는 군대 일정에 맞춰 휴가를 나올 뿐입니다. 내가 시험 기간이기 때문에 눈길이 더 갈 뿐입니다.

용어로 설명을 하기도 합니다.

중간고사는 열심히 공부해야만 좋은 결과를 얻을 수 있습니다. 그런데 열심히 하는 대신에 친구를 만났다면 어떨까요? 시험을 망치더라도 미리 핑계를 만들 수 있습니다. '이 세상에서 우정보다 중요한 게 어디 있겠습니까?'라고요. 반면 시험을 코앞에 두고 친구와 만났거나 딴짓을 했음에도 불구하고 시험을 잘 보았다면 어떤 생각이 들까요? 자신이 천재 같을 겁니다. 이렇게 자기를 긍정적으로 생각하게 함으로써 우리는 자존감을 보호할 수 있습니다. 이 모습은 남녀노소 문화를 가리지 않고 관찰되는 모습입니다. 자존감 보호는 본능에 가깝습니다.

하지만 조금만 더 이성적이고 합리적인 사고를 한다면 무언가 아니라는 생각이 듭니다. 순간의 자존감은 보호될지 몰라도 좋은 성과를 얻을 가능성은 낮아집니다. 게다가 낮은 성과로 오히려 자존감은 낮아질 겁니다. 대학생 시기에는 그렇습니다. 더 직설적으로 표현한다면 중요한 게 무엇인지, 먼저 해야 할 게 무엇인지 구분하지 못한 내가 있을 뿐입니다. 시험을 앞두고, 과제 제출을 앞두고, 발표를 앞두고 혹시라도 나를 유혹하는 것들에 관심이 가려 한다면 알아차립시다.

미리 나를 불구로 만들려는구나. 이젠 안 그럴래~.
끝내고 더 신나게 할래~.

중요한 일, 먼저 해야 할 일을 구분하지 못하는 만큼 흔하게 관찰되는 것이 **꾸물거림**입니다. 대학생과 떼려야 뗄 수 없는 과제 제출. 마음속에 과제를 품은 채 미루고 미루다 마감 시간이 닥쳐오면 바닥까지 에너지를 끌어모아 서둘러 과제를 해치우려 합니다. 결과는 누구나 예측할 수 있습니다. 사소하고 쉬운 일상적인 일을 하면서 꾸물거리는 것은 아마도 과제가 싫어서 회피하고 싶기 때문일 수 있습니다. 그런데 과제는 대부분 싫습니다. 저는 개인적으로 이 꾸물거림이 저를 망치곤 한다고 생각합니다. 혹시 저처럼 꾸물거리는 학생이 있다면, 자신의 꾸물거리는 패턴을 알아차리는 것만으로도 꾸물거림을 줄일 수 있습니다. 중요한 것은 나를 알아가는 것입니다. 이제 꾸물거리는 틈틈이 조금씩 할만한 양만큼씩 과제를 해봅시다. 꾸물거림이 줄어드는 만큼 마음의 부담도 조금은 줄어들 수 있습니다.

거절하지 못하는 나도 시간을 낭비하게 합니다. 도서관에 앉아 공부하는데 선배가 커피를 마시자고 옵니다. 친구가 밥 먹으러 가자고 옵니다. 후배가 같이 간식을 먹자고 합니다. 선배가 한 명이 아닙니다. 친구도 한 명이 아닙니다. 후배도 한 명이 아닙니다. 오늘 모두 몇 번을 일어났나요? 기다렸다는 듯이 신나고 즐거웠다면 괜찮습니다. 그런데 공부할 게 많아서 불편한 맘으로 즐기지도 못했습니다. 이런 나는 왜 그랬을까요? 거절하면 나를 싫어할지도 모른다는 생각 때문일 수도 있습니다. 다른 사람의 부정적인 평가에 대한 두려움은 우리의 행동에 영향을 줄 수도 있습니다. 그런데 잠깐 바꿔 생각해봅시다. 밥 먹을 시간도 없이 공부하고 있는 친구를 보면 어떤 생각이 드나요? 열심히 하는구나. 또는 아무 생각도 들지 않습니다. 대학생의 일상은 누구나 비슷합니다. 아무도 그런 일에 관심을 두지 않습니다. 대학생이라면 자아 중심성에서 벗어날 때가 지났습니다. 그러니까 담백하게 그리고 간단하게 말하면 됩니다.

지금은 안 돼요~.

혹시, 거절한 나를 흉보는 사람이 있다면 신경 쓰지 마세요. 그 사람은 타인의 입장을 고려하지 못하는 사람일 뿐입니다. 그 사람이 내 인생 살아주지 않습니다. 내 삶의 주도권은 내가 가져야지요.

모든 것을 내가 완벽하게 해내야 한다는 **완벽주의**도 시간을 낭비하게 할 수 있습니다. 이 세상에 나만이 할 수 있는 일이 몇 가지나 될까요? 물론 내가 가치 있게 여기는 일, 중요한 일, 책임을 져야 하는 일을 다른 사람에게 떠넘긴다면 안 됩니다. 당연하죠. 그런데 아주 사소한 것까지 신경 쓰느라 정작 중요한 일을 놓치거나 대충하게 될 때도 있습니다. 게다가 완벽하게 하고 싶은 마음이 있다면 일을 끝내기가 어렵습니다.

제가 고등학생 때는 지금처럼 교과서나 참고서가 다양하지 않았습니다. 거의 모든 고등학생이 한 권씩 가지고 있던 수학 문제집이 있었습니다. 첫 단원이 집합이었죠. 한 학기가 지나도록 첫 단원만 여러 번 반복하는 학생들이 많았습니다. 일명 '집합 박사'였습니다. 집합만 여러 번 봐서 책이 까맣게 되어있었죠. 끝까지 풀지도 못했죠. 모의고사를 보면 1번 문제는 한쪽 눈 감고도 맞춥니다. 그다음 문제부터는 두 눈을 떠도 어렵습니다. 이 이야기를 들려주면 비슷한 경험을 얘기하는 학생들이 있습니다. 과제를 하는데 완벽하게 하려고 하다가 오래 걸리고 그러다 결국 완성하지 못하는 경우가 많았다고 합니다. 그러자 한 학생이 완벽하게 하려고 하다가 오래 걸리고 그러다 결국 완성하지 못하는 경우를 거꾸로 해 보라는 자료를 소개하였습니다.

'완벽'을 '대충'으로, '오래 걸리는'을 '빨리'로, '처음부터 완벽'을 '마지막'으로 옮길 것

발표자료를 만든다면, 제목이 중요합니다. '대학생을 위한 정신건강 수업'이라고 썼습니다. 멋진 제목 같습니다. 그런데 글씨체가 걱정입니다. 요즘 학생들이 선호하는 것은 무얼까 고민합니다. 결정하기까지 시간이 흐릅니다. 본문 한쪽을 만들었습니다. 그런데 그림이 있다면 더 나을 듯합니다. 그림을 찾습니다. 맞춤법과 띄어쓰기가 맘에 걸립니다. 이러다가는….

글씨체, 그림, 맞춤법은 나중에 해도 됩니다. 중요한 것은 내용입니다. 기승전결에 맞는 내용을 먼저 대충이라도 후다닥 하고, 마지막에 여러 번 검토하는 것이 완성까지의 시간을 줄일 가능성이 큽니다. 그렇다고 이 방법이 모든 문제

에 적용되지는 않습니다. 저처럼 처음부터 완벽하게 하려다 완성하지 못하는 경우 참고할 수 있습니다.

시간을 낭비하게 되는 이유 중에서 나는 어떤 것에 끌려 다니고 있었는지 점검해봅시다. 나를 아는 것이 가장 중요합니다. 이제 문제를 해결하러 가봅시다. 나를 둘러싸고 있는 문제들. 그런데 그 문제들은 문제마다 해결방법이 다릅니다. 물론 문제가 무엇인지 명확하게 파악하고, 그 문제를 해결할 대안들을 찾고, 그 대안 중에서 실행할 수 있는 것을 행동으로 옮기는 것이 모든 문제를 푸는 순서일 것입니다. 그런데 잘 안되는 경우가 많습니다. 알면서도 안되는, 그래서 스트레스죠.

중간고사에서 좋은 성적을 얻는 방법을 우리는 잘 알고 있습니다. 예습과 복습을 하기, 수업에 빠지지 말기, 수업시간에 집중하고, 필기 잘하고, 교수님 수업을 아예 녹음도 하고, 도서관에서 살고, 잠도 줄이고, 식사시간도 줄이고, 아예 식사하면서 책보기, 또….

왜 이렇게 많은 것을 하여야 할까요? 너무도 당연하지만, 중간고사를 잘 보는 단 하나의 완벽한 방법은 없습니다.

그런 방법이 있다면 애초에 문제가 되지 않았을 것입니다.

그런 과정에 마치 정답이 있는 것처럼 나열해 놓은 자기 계발서들이 있습니다. 자기계발서를 읽어도 따라 하기 어려웠던 기억이 있을 것입니다. 그래서 오히려 자신이 부족하다고 생각한 적도 있을 것입니다. 그런 자기계발서들이 왜 나에게는 잘 안 맞았던 걸까요? 우리는 도덕성의 수준, 삶의 태도와 상황, 그리고 무엇보다 가치관이 다릅니다. 실행하지 못하는 게 아니라 할 수 없었던 것입니다. 그러므로 상황을 더 낮게 만들어 주는, 나의 형편에 맞는, 내가 할 수 있는 것들을 해야죠. 최선의 방법이라고 합니다. 그리고 그것을 하면 됩니다. 행동으로 옮깁시다!

그런데 행동이 반드시 성공하지 않을 수도 있습니다. 생각대로 계획대로 인생이 풀려가지 않을 때가 더 많습니다. 그럴 때는 유연하게 대안을 수정할 수 있어야 합니다. 바꿀 수도 있습니다. 그리고 실패할 수도 있습니다. 그렇다고 너무 실망할 필요는 없습니다. 우리는 하루살이가 아니거든요.

2020년 통계청 지표에 의하면 기대여명[28]이 83.5세입니다. 100년을 사는 것은 너무도 당연합니다. 100년을 사는 동안 매일 성공만 할 수는 없습니다. 오늘의 실패는 경험이 되고, 경험이 쌓여야만 성공으로 이어질 수 있습니다. 이런 과정들을 여러 번 거치면서 점차 나아지는 나를 만나는 것이 인생입니다. 그렇게 애쓰고 있는 나를 만나면 고생한다고 한 번쯤 안아주세요. 괜찮은 어른이 되어가는 중입니다.

28 0세 출생자가 앞으로 생존할 것으로 기대되는 평균 생존연수.

4부

내편하기

내편하기란?

'이건 뭐지?'라는 생각이 들 수도 있습니다. 내편하기는 제가 만든 것이니까요. 앞서 3부의 스트레스 대처에서 스트레스 농도 낮추기가 생각나시나요? 스트레스 농도를 낮추어 주는 이완훈련 중에서 심상요법을 소개했었지요.

학생들과 수업을 하다가 'A4 용지를 집다가 손을 삭~'이라고 하면 학생들은 모두다 '윽~'하면서 얼굴을 찌푸립니다. 바로 그 느낌이라고 알려줍니다. 우리는 실제로 손가락을 베이지 않았음에도 불구하고 몸과 마음이 반응합니다. 이를 거꾸로 응용한 것이 심상요법입니다. 즉, 끔찍한 장면이 우리에게 스트레스 반응을 일으킨다면, 평화로운 장면은 우리를 이완시킬 수도 있습니다.

다시 한번 더 설명하겠습니다. 심상요법은 질병 치료와 심리치료에 실제로 사용되며 효과가 검증되었습니다. 치료 뿐 아니라 일상에서도 사용되고 있습니다. 치과 치료 전에 겪는 불안을 완화할 때, 운동선수들이 겪게 되는 긴장된 순간에도 사용됩니다. 이런 심상요법에는 보편적으로 사용되는 장면들이 있습니다. 잔잔한 파도가 일렁이는 바닷가, 녹음이 짙어가는 숲속, 작은 배가 띄워져 있는 호수, 모든 것을 내어주는 엄마 등의 평화로운 풍경들입니다. 우리에게 안정감을 준다고 생각되는 장면들입니다. 이런 장면들을 사용하여 저의 수업시간에 학생들과 실습을 하였습니다.

바닷가를 배경으로 심상을 유도하며 긴장과 불안을 낮추는 연습을 하였습니다. 수업이 끝나고 한 학생이 찾아와 자신은 바다가 무섭다고 하였습니다. 그 학생에게는 전혀 효과가 없는 순간이었습니다. 심상요법을 진행해보면, 푸른 바다를 좋아하는 학생들이 있는 반면에 그렇지 않은 학생들도 있습니다. 밤하늘을 좋아하는 학생들이 있는 반면에 두려워하는 학생도 있었습니다. 보편적으로 우리에게 안정감을 주는 풍경들이라고 생각하게 되지만 개인 간에는 차이가 있을 수 있습니다. 그러다 보니 개인에 맞는 더 효율적인 심상요법이 필요해졌습니다. 그래서 학생들에게 자신만의 평화로운 장면을 떠올려 심상각본을 만들도록 하고, 각본의 앞과 뒤에 호흡법은 넣도록 하였습니다. 그리고 핸드폰에 녹음하여 자신만의 심상요법을 해보는 과제를 내주었습니다. 그리고 이름을 붙였습니다. '**내편하기**(내가 내 편이 되어주기, 내가 만드는 편안한 행동하기)'라고 하였습니다. 이름을 급조한 티가 나지만 학생들에게 소개하기엔 괜찮았습니다.

내편하기는 대학생들에게 맞춤입니다. 스트레스를 없앨 수는 없지만, 스트레스의 농도는 낮출 수 있다는 것을 배운 다음, 스트레스 농도를 낮추는 나만의 방법을 만듭니다. 이 세상에 하나밖에 없는, 내가 만든 나만의 심상각본은 스트레스를 관리할 수 있다는 통제감의 한 부분이 될 수 있습니다. 그 방법으로 나는 나의 스트레스를 관리할 수 있습니다. 그런 행동으로 만들어가는 나의 삶은 잘될 것입니다. 힘들 때, 기분이 별로일 때 내편하기를 통해 스트레스 농도를 낮출 수 있습니다.

내편하기를 만들기 위해서 좀 더 알아보겠습니다.

내편하기는 나만의 편안한 기억, 기분 좋아지는 기억, 행복했던 기억을 떠올림으로써 긴장을 풀고 불안을 낮추는 것입니다. 우리는 각자가 생각하는 따뜻한 기억들이 있습니다. 그 기억들을 떠올림으로써 몸과 마음을 안정시키고, 문제해결에 필요한 행동들에 힘쓸 에너지를 모을 수 있도록 합니다.

내편하기는 감각에 집중하면서 즐겁고 편안한 이미지를 상상하거나 회상하는 것입니다. 정신이 건강할 때와 건강하지 않을 때(스트레스가 심할 때와 그렇지 않을 때) 가장 먼저 나타나는 것은 감각적인 부분에서의 차이입니다. 너무 힘들 때는 꽃이 피었는지 단풍이 들었는지 모르고 지나갑니다. 추운지 더운지 느낄 겨를이 없습니다. 무얼 들어도 금방 잊어버리기 쉽습니다. 먹어도 먹은 것 같지 않습니다. 스트레스가 너무 쌓이면 우리의 감각이 무디어집니다. 내편하기는 이 감각들을 깨우는 것에서 시작합니다. 시각, 청각, 미각, 후각, 촉각의 오감을 동원하여 자신이 좋아하는 장면을 만들어 오롯이 집중하면서 이완 반응을 만듭니다.

내편하기는 배우지 않아도 스스로 만들어 연습할 수 있습니다. 이미 만들어진 것들을 사용하여도 괜찮지만, 내가 만들 수 있습니다. 이 세상에 하나밖에 없는 나만의 것을 만들 수 있습니다. **나만의 기억으로 유도되는 편안함**[29]을 만드는 것입니다. 그 행위를 통해 스트레스를 관리할 수 있는 나를 알아차리는 것입니다. 나는 나의 스트레스를 관리할 수 있다는 통제감도 길러줄 것입니다.

내편하기를 하기 위해서는 심상각본과 복식 호흡법이 필요합니다. 두 가지를 준비하시면 됩니다. 이제 내편하기를 만들어 봅시다.

---

29 대파가 가득 심어진 밭을 보신 적 있나요? 저와 상담하신 분은 어머니와 함께 걷던 달밤에 끝없이 펼쳐져 있던 대파밭을 제게 얘기하면서 편안해하셨습니다. 하지만 강원도 산골에서 자란 저는 대파밭을 본 적이 없어 상상할 수 없었습니다.

심상각본 만들기

내편하기를 위해서 심상각본을 만들어야 합니다. 심상 각본을 만드는 순서는 아래와 같습니다.

① 편안한 기억이나 기분이 좋아지는 기억, 행복했던 기억, 따뜻한 기억을 떠올립니다.

② 그 기억을 사진 찍듯이 떠올려봅시다. 그것을 심상이라고 합니다.

③ 기억 속에서 보이는 것(시각), 들리는 것(청각)들을 차례로 적어봅니다. 심상 속에서 떠오르는 냄새(후각)도 맛(미각)도 손이나 피부의 느낌(촉각)두 저어봅시다. 완벽할 필요는 없습니다. 일단 적어봅시다.

④ 하루가 지난 뒤에 다시 봅니다. 좀 더 세련되게 고쳐 봅니다. 하루 더 지나서 고쳐도 됩니다. 너무 잘하려고 할 필요는 없습니다. 좀 못해도 됩니다. 글짓기 과제가 아닙니다. 중요한 것은 내가 만드는 나만의 것입니다. 이 각본은 이 세상에 하나밖에 없는 나를 위로해 줄 각본입니다.

심상각본

_____ 에 있는 나를 그려봅니다.

시각(보이는 것) :

청각(들리는 것) :

후각(냄새) :

미각(맛) :

촉각(손이나 피부의 느낌) :

이 책의 158쪽부터 나오는 각본들을 참고하시면 됩니다. 이 각본들은 학생들이 수업시간에 과제로 제출한 것들과 이들을 수정한 것입니다.

심상각본 녹음하기

① 나만의 각본을 만들었다면, 이제 자신의 핸드폰에 녹음할 차례입니다.

② 각본의 앞부분과 뒷부분에 복식호흡을 넣어 녹음합니다. 이 책의 113쪽부터 114쪽을 참고합니다.

③ 가끔 불안이 느껴진다고 생각되는 날에 편안한 의자나 침대에 누워 두 눈을 감고 녹음한 것을 듣고 따라 합니다. 매일 밤도 좋습니다.

(복식 호흡하기 – 나만의 심상각본 – 복식 호흡하기 순서로 합니다. 5분에서 10분 사이가 되도록 합니다)

내편하기를 하는 동안 복식호흡을 유지하도록 합니다. 복식호흡은 편안한 자세를 유지하는 것이 가장 중요합니다.

가족이나 친구처럼 나를 편안하게 해주는 사람이 읽어주고 그것을 녹음하는 것도 괜찮습니다.

내가 만든 녹음 파일을 사랑하는 사람들에게 선물해도 좋습니다.

우리집으로 내편하기를 만든다면

복식호흡을 먼저 넣고, 우리집이라는 심상각본을 넣고, 복식호흡을 넣습니다. 이렇게 작성한 후 핸드폰에 녹음하면 됩니다.

복식 호흡하기

① 편안하게 누워(앉아) 눈을 감고, 두 손을 아랫배 위에 올려놓습니다.

② 코로 천천히 숨을 들이 마시면서 배를 내민l 다.

   (4초 : 하나, 둘, 셋, 넷을 맘속으로 세면서 숨을 들이마셔도 됩니다)

③ 내밀었던 배를 넣으면서 천천히 숨을 내쉽니다.

(5초 : 하나, 둘, 셋, 넷, 다섯을 맘속으로 세면서 입으로 숨을 내쉬어도 됩니다)

나만의 심상각본 : 우리집

④ 창문으로 햇살이 들어오는 나른한 주말 오후입니다.

⑤ 아빠는 커피 원두를 갈고 있습니다. 고소한 커피 향기가 기분을 좋게 합니다.

⑥ 텔레비전 소리, 원두 그라인더 소리가 뒤섞여 선풍기 바람을 타고 거실을 맴돌며 울려 퍼집니다.

⑦ 엄마가 안방에서 나를 부릅니다. 나는 얼른 가서 엄마 무릎을 베고 누워 엄마를 바라봅니다.

⑧ 엄마는 내 귀를 당기며 빙그레 웃습니다. 엄마가 조심스레 귀를 파 줍니다. 어깨가 움츠려지지만, 기분 좋게 간지럽습니다.

⑨ 아빠가 원두커피를 가지고 들어옵니다. 엄마는 환하게 웃으시며 나에게 커피잔을 내밉니다.

⑩ 아빠가 내려 준 원두커피는 쓰지만 향기롭습니다.

⑪ 엄마 무릎에 반대편으로 다시 눕습니다. 엄마의 부드러운

손길로 귀가 간지럽지만 이내 편안함으로 바뀝니다.

⑫ 스르르 잠이 들 것 같습니다.

⑬ '엄마' 하고 불러봅니다. 엄마가 옆에 누워 내게 팔베개를 해 줍니다.

⑭ 엄마에게 안기며 세상에서 가장 행복한 엄마 냄새를 맡습니다. 엄마의 포근한 온기도 오롯이 나에게 전해집니다.

⑮ 사랑스러운 눈빛으로 나를 바라보시는 엄마 뒤로 환한 햇살이 비추고 있습니다.

복식 호흡하기

⑯ 천천히 숨을 들이 마십니다.

⑰ 천천히 숨을 내 쉽니다.

⑱ 천천히 숨을 들이 마십니다.

⑲ 천천히 숨을 내 쉽니다.

※ 학생들이 만든 '내편하기'는 유튜브에 검색하면 찾아볼 수 있습니다.
참고하여 만드시면 됩니다.

심상각본 : 바다

대학생을 위한 정신건강 수업

① 어린 시절입니다. 한여름 한낮의 바닷가에 내가 있습니다.

② 내리쬐는 햇볕이 따갑습니다. 고개를 들자 강렬한 햇볕으로 눈이 찡그려집니다. 시원한 바닷바람이 불어옵니다.

③ 커다란 파라솔 아래에 우리 가족이 모여 있습니다. 맛있는 음식 냄새가 퍼집니다. 싸 온 과일들을 먹습니다. 상큼하고 아삭한 사과, 달콤하고 시원한 수박, 새콤하고 달콤한 포도 맛이 입안 가득히 퍼집니다. 나는 볼록하게 나온 배를 두드립니다.

④ 촤아아 촤아아 모래사장을 쓰다듬는 파도 소리가 규칙적으로 들려옵니다. 끼룩끼룩 갈매기 울음소리가 들립니다.

⑤ 아빠가 나를 번쩍 들어 올려 뱅글뱅글 돕니다. 엄마의 웃음소리도 들립니다.

⑥ 나는 갈매기가 되었습니다. 하늘과 바다와 모래사장이 뱅그르르 돕니다. 바닷바람에 온몸이 간지럽습니다.

⑦ 우리 가족은 바다로 달려가 물장구칩니다. 차가운 바닷물에 깜짝 놀라지만 금방 익숙해집니다. 아빠가 밀어주는 튜브를 타고 일렁이는 파도를 즐깁니다.

⑧ 모래사장에서 조가비를 한 손 가득 주워 담습니다. 멀리서 엄마가 어서 오라고 손짓합니다.

⑨ 엄마, 아빠가 손을 잡고 공중그네를 태워줍니다. 나는 까르르 웃습니다. 평화로운 그 바닷가에서 나는 행복합니다.

심상각본 : 해변

대학생을 위한 정신건강 수업

① 늦여름 오후 6시, 한가롭게 해변을 거닐고 있습니다.

② 한낮의 강렬했던 태양의 열기가 조금은 누그러졌습니다. 파란 하늘과 하얀 뭉게구름이 점점 붉게 물들어갑니다.

③ 느릿한 파도가 밀려와 모래사장을 쓰다듬고 갑니다. 바람을 따라 갈매기들이 내 머리 위를 빙빙 돌며 끼룩거립니다. 아이들은 뭐가 그리 신나는지 깔깔거리며 뛰어다닙니다.

④ 미지근한 바닷바람을 온몸으로 느끼며 해변을 거닐고 있습니다. 비릿한 냄새가 싫지는 않습니다. 붉어진 해는 점점 수평선과 가까워지고 있습니다.

⑤ 배가 출출해졌습니다. 모래사장 위에 놓아둔 짐을 풀어 먹을거리를 찾습니다.

⑥ 맥주 캔과 과자 봉지를 들고 다시 해변으로 향합니다. 바닷물 가까이 모래사장에 앉습니다.

⑦ 수평선에 걸려있는 붉은 해는 온 세상을 붉게 물들이고 있습니다. 하늘도 구름도, 바닷물도, 백사장도 서로 다른 명도로 붉게 변했습니다.

⑧ 방울방울 물방울이 맺힌 캔을 따서 한 모금 마십니다. 짭조름한 과자도 먹습니다. 한 모금 더 마십니다. 무르익어가는 붉은 노을을 바라봅니다. 자연이 그려내는 황홀경을 보며 상념에 빠집니다. 모래를 한 움큼 쥐어봅니다. 손가락 사이로 스르르 빠져나가는 모래알들을 느낍니다.

⑨ 엉덩이에 묻은 모래를 툭툭 털어내며 일어납니다. 해변을 따라 돌아오는 발걸음은 느리지만 가볍습니다.

심상각본 : 숲속

대학생을 위한 정신건강 수업

① 양평의 어느 산장입니다. 주변에는 야트막한 산과 울창한 전나무 숲이 있습니다.

② 한 학기를 바쁘게 보내고 마음을 힐링하고자 여기에 왔습니다. 멋진 경관에 둘러싸인 산장이 마음에 듭니다.

③ 산장 안에는 커피 머신도 있습니다. 누구나 사용해도 되는가 봅니다. 나는 따뜻한 아메리카노 커피를 내려 여유롭게 마시면서 창밖의 하늘을 바라봅니다. 합성한 듯 비현실적으로 맑고 푸른 하늘이 펼쳐져 있습니다.

④ 밖으로 나와 숲속을 걸어갑니다. 판타지에서 본듯한 온통 초록의 숲입니다. 여러 농도의 초록을 실감합니다.

⑤ 보이지는 않지만, 은방울 같은 새들의 지저귐이 들립니다. 새 소리를 들으며 천천히 걷습니다.

⑥ 향긋한 솔 내음이 가득합니다. 이끼와 낙엽 냄새도 섞여 있습니다. 계속해서 조금 더 걷습니다.

⑦ 숲의 요정이 나뭇잎 배를 타고 내려올 것만 같은 시원하게 흐르는 계곡이 나옵니다. 기묘하고 아름다운 숲속의 계곡입니다.

⑧ 한참 동안 계곡을 바라봅니다. 참으로 평온한 상태입니다.

⑨ 이제 되돌아갑니다. 바람에 흔들리는 나뭇가지가 마치 또 오라는 듯 인사를 건넵니다.

⑩ 산장에서의 힐링은 언제나 기분 좋은 기억입니다.

심상각본 : 다솔관

대학생을 위한 정신건강 수업

① 5월 13일 목요일 아침입니다.

② 다솔관의 문은 닫혀 있습니다. 아직 아무도 오지 않았습니다.

③ 열쇠로 문을 열고 들어갑니다.

④ 문이 벽에 부딪히지 않도록 손으로 잡아 천천히 멈추게 합니다.

⑤ 내부에 들어서자 먼지와 나무 향이 섞여 조금은 꿉꿉한 냄새가 납니다.

⑥ 바삐 걸어오느라 이마에 송글송글 맺힌 땀방울을 닦습니다.

⑦ 가방을 내려놓고 휴대폰으로 김윤아의 〈타인의 고통〉 앨범 플레이리스트를 재생합니다.

⑧ 창문을 열어 환기하고, 물티슈로 마루를 닦습니다.

⑨ 매끄러우면서도 오돌토돌한 옹이의 촉감을 느낍니다.

⑩ 마루에서 올라오는 향긋한 나무의 향기가 기분 좋게 합니다.

⑪ 햇볕이 정강이 정도 높이까지 드리우는 자리에 앉습니다.

⑫ 약간은 선선하지만 따뜻한 봄바람이 온몸을 휘감습니다.

⑬ 주황색과 흰색이 섞인 치즈 털 고양이가 마당을 지나가다 양지바른 한 켠에 웅크리고 앉아 있습니다.

⑭ 물끄러미 고양이를 바라보다가 손을 흔들어 보지만, 아무런 반응이 없습니다.

⑮ 조용히 일어나서 다가가니 고양이는 저 멀리 달아납니다.

⑯ 다시 마루로 돌아와 앉아 있다가, 이내 누워 눈을 감고 음악을 마저 듣습니다.

⑰ "강은 흘러흘러 사라져만 가네. 강은 흘러흘러…."

심상각본 : 우리집

대학생을 위한 정신건강 수업

① 창문으로 햇살이 들어오는 나른한 주말 오후입니다.

② 아빠는 커피 원두를 갈고 있습니다. 고소한 커피 향기가 기분을 좋게 합니다.

③ 텔레비전 소리. 원두 그라인더 소리가 뒤섞여 선풍기 바람을 타고 거실을 맴돌며 울려 퍼집니다.

④ 엄마가 안방에서 나를 부릅니다. 나는 얼른 가서 엄마 무릎을 베고 누워 엄마를 바라봅니다.

⑤ 엄마는 내 귀를 당기며 빙그레 웃습니다. 엄마가 조심스레 귀를 파 줍니다. 어깨가 움츠려지지만, 기분 좋게 간지럽습니다.

⑥ 아빠가 원두커피를 가지고 들어옵니다. 엄마는 환하게 웃으시며 나에게 커피잔을 내밉니다.

⑦ 아빠가 내려 준 원두커피는 쓰지만 향기롭습니다.

⑧ 엄마 무릎에 반대편으로 다시 눕습니다. 엄마의 부드러운 손길로 귀가 간지럽지만 이내 편안함으로 바뀝니다.

⑨ 스르르 잠이 들 것 같습니다.

⑩ '엄마' 하고 불러봅니다. 엄마가 옆에 누워 내게 팔베개를 해줍니다.

⑪ 엄마에게 안기며 세상에서 가장 행복한 엄마 냄새를 맡습니다. 엄마의 포근한 온기도 오롯이 나에게 전해집니다.

⑫ 사랑스러운 눈빛으로 나를 바라보시는 엄마 뒤로 환한 햇살이 비추고 있습니다.

심상각본 : 카페

대학생을 위한 정신건강 수업

① 따뜻한 빛이 은은하게 감도는 카페 안으로 들어갑니다.

② 피아노 BGM이 잔잔하게 흐르고 있습니다. 진열장의 쿠키와 케이크를 바라보며 라떼를 주문합니다.

③ 밖이 잘 보이는 커다란 창을 끼고 앉아 카페 안을 둘러봅니다. 벽에는 오래된 잡지가 여러 권 꽂혀 있습니다.

④ 카페 모퉁이에는 한 무리의 손님들이 도란도란 얘기를 나누고 있습니다. 한 켠에는 노트북을 켜고 키보드를 두드리는 사람이 있습니다. 소파처럼 넓은 의자에 파묻혀 음악에 젖어 있는 사람도 보입니다.

⑤ 나는 두 손을 모아 따뜻한 라떼 잔을 만져봅니다. 호～하고 숨을 불어 뜨거운 커피를 식힙니다. 입술을 살짝 대고 아주 조금 마십니다. 따뜻하고 달콤하고 고소합니다. 커피잔에 코를 대고 향기를 맡습니다. 달달한 라떼 향은 기분을 좋게 합니다.

⑥ 고개 들어 창밖을 바라봅니다. 느긋하게 걸으며 산책하는 사람들이 보입니다. 도란도란 모여 대화하는 사람들이 보입니다. 나뭇잎이 바람에 살랑입니다.

⑦ 라떼 한 모금을 더 마십니다. 따뜻한 조명과 피아노 선율, 한가하고 평화로운 사람들, 그리고 바람에 살랑이는 나뭇잎과 함께하는 한낮의 카페에서 나는 기분 좋게 쉬고 있습니다.

심상각본 : 버스 안에서

대학생을 위한 정신건강 수업

① 집으로 향하는 102번 시내버스에 앉아 있습니다.

② 흔들리는 버스 손잡이를 바라봅니다. 자리에 앉아 있는 승객들도 보입니다.

③ 책 가방을 맨 고등학생, 시장바구니를 든 아주머니, 핸드폰만 쳐다보는 아저씨도 있습니다.

④ 나는 이어폰을 꽂고 좋아하는 음악을 듣습니다. 주머니에서 사탕을 꺼내 아무도 모르게 입에 넣습니다.

⑤ 차창 너머 풍경들과 길거리의 사람들이 빠르게 지나갑니다.

⑥ 햇살 가득한 살짝 열린 창문을 비집고 들어오는 바람이 시원합니다.

⑦ 버스의 묵직한 엔진 소리와 승객들의 말소리가 뒤섞여서 시끌시끌합니다.

⑧ 이따금 버스가 가볍게 덜컹거립니다. 나도 덩달아 살짝 흔들립니다.

⑨ 무심하게 창밖을 바라보며 입안의 사탕을 이리저리 굴려봅니다. 청포도의 향긋함과 달콤함이 입안에 가득하여 기분을 좋게 합니다.

⑩ 긴 하루가 끝나가고 온몸의 긴장은 풀려갑니다.

⑪ 흔들리는 버스 안, 집으로 돌아오는 나, 기분이 좋아집니다.

심상각본 : 밤하늘

대학생을 위한 정신건강 수업

① 늦가을 초저녁입니다. 하늘이 탁 트인 잔디밭에 돗자리를 펴고 누웠습니다.

② 밤하늘을 바라봅니다. 조각 달이 떠 있습니다. 정말로 많은 별들이 반짝입니다.

③ 서쪽 지평선 가까이에서 가장 밝게 빛나는 금성을 찾아봅니다. 동쪽으로 고개를 조금 돌려 밝게 빛나는 목성을 찾아봅니다. 목성은 태양계에서 가장 큰 행성입니다. 목성과 금성 사이에 빛나는 토성도 찾아봅니다. 마치 토성의 고리가 보이는 것 같습니다.

④ 바람이 불어옵니다. 차갑게 느껴지는 바람에서 초겨울의 기운이 스며듭니다. 살짝 볶은 커피 향 같은 낙엽 냄새도 바람에 실려 옵니다. 사람들의 소곤대는 소리, 풀벌레 우는 소리가 들려옵니다.

⑤ 혹시나 별똥별을 볼 수 있을까 기대해봅니다. 내 맘을 아는 듯 별똥별이 사선으로 떨어집니다.

⑥ 깜박하고 소원을 빌지 못했습니다. 그래도 밤하늘이 참 예쁘다는 생각이 듭니다.

⑦ 바람이 무척 차갑게 느껴집니다. 따뜻한 코코아 한잔이 생각납니다.

⑧ 어릴 적 엄마가 타주던 진한 코코아가 그립습니다. 그 달달했던 맛과 따듯함에 기분이 좋아집니다.

⑨ 엄마 생각이 납니다. 보고 싶은 엄마를 생각하며 미소지어봅니다.

삶의 의미는 무엇일까요? 더 간단하게 표현한다면, **왜 살까요?** 이 질문을 받아보신 적이 있나요? 이 어려운 질문에 답을 할 수 있는 사람이 몇 명이나 있을까요? 하지만 저는 답을 해야 합니다. 왜냐하면, 심리학 교수이기 때문입니다. 심리학 교수는 인간에 대한 이해를 가르칩니다. 그리고 무엇보다도 대학생들, 젊은이들이 이 질문 때문에 잘 살아가기도 하고 그렇지 않기도 하기 때문입니다. 그런데 아직 저도 잘 모르겠습니다.

50년을 살아도 어려운 이 질문의 답을 갓 스물을 넘긴 사람들이 어찌 알까요. 모범답안이 있다면 이 질문은 이미 폐기되었을지도 모릅니다.

저 역시 왜 사는지, 삶의 의미가 무엇인지 고민하고 있지만, 제가 정신건강 수업을 하는 이유는 알고 있습니다. 대학생은, 젊은이는 **'왜 사는지, 삶의 의미가 무엇인지 아직 모르는 것이 지극히 정상이라는 것'**을 알려주기 위해서입니다. 젊은이는 질문에 답을 찾으려고 길을 나서는 시기라고 알려드립니다. 적어도 발달심리학자인 저의 입장은 그렇습니다.

심리학은 인간의 보편적인 모습을 기술하고, 설명합니다. 그리고 그 보편적인 모습에서 개인 간 차이가 나는 이유를 설명하죠. 물론, 모두 설명이 가능하지는 못합니다. 사람은 컴퓨터처럼 조립된 것이 아니기 때문이죠. 컴퓨터가 고장이 나면 어디가 잘못되었는지, 어떤 부품을 수리하고 교체하면 정상 작동하는지 알 수 있습니다. 하지만 사람은 그렇지 않다는 것을 우리는 알고 있습니다. 인간을 완벽하게 이해하는 것이 가능할까요? 이 때문에 사람들이 심리학에 더 관심을 가지는지도 모르겠습니다.

그럼에도 불구하고 심리학 지식에 대하여 제대로 알고 있는 사람들이 많지 않습니다. 심리학 지식을 바르게 알고,

우리의 삶에 왜 심리학이 필요한지 알게 되면 정신건강 하기가 한결 쉬워집니다. 정신건강을 위해 무엇을 해야 하는지, 할 수 있는 것과 할 수 없는 것은 무엇인지를 구별할 수 있기 때문입니다.

저의 수업에서 다루는 정신건강을 위한 방법들은 유명인이나 제 개인적인 생각이 아니라 **심리학 지식**을 기반으로 합니다. 그 차이가 무엇일까요? 궁금해지기 시작하셨다면 이제 제대로 심리학에 발을 담그기 시작한 것입니다. **심리학자들이 사용하는 연구방법과 그 결과의 해석, 그리고 지금의 나를 설명하기 위해서 무엇이 필요한지** 바로 그 부분부터 다음 수업에서 소개해 드리겠습니다.

삶의 의미, 왜 사는가로 다시 돌아옵시다. 혹시 '질문의 답을 잘 못 찾을 때, 어쩌면 질문이 잘못된 것일 수 있다!'는 말을 들어본 적이 있나요? 삶의 의미가 무엇인지, 왜 사는지도 이에 해당할 듯합니다.

정형화된 답을 알지 못하는 것이 보편적인 인간의 모습입니다. 그래서 그 질문에 답을 할 수가 없었습니다. 그런데 정형화된 답이 없다는 것을 알게 되는 시기는 있습니다. 청년기가 지나고 성인기 중반쯤 될 때, 즉, 다양한 삶의 경험을 통해 나름의 생각이 굵어지면서 인생에서 무엇이 중요한지를 알아차리게 됩니다. 지혜라고도 하죠. 그때쯤 개인들은 나름의 방법으로 삶의 의미를 찾아갑니다. 삶의 의미는 바깥에서 채워지는 것이 아니라 내가 내 안에서 찾는 것입니다. 무엇이 되는 것이 아니라 어떻게 살아가는가입니다.

자신의 존재 가치를 느끼는 순간 나름 삶의 의미를 부여합니다. 나는 이렇게 쓰이라고 세상에 태어났구나. 바로 그 쓰임이라는 것을 확인할 때, 비로소 삶의 의미를 알아차리게 됩니다. 물론 너무 일찍 알아버리는 사람도 있을 수 있고, 늦은 나이까지 찾지 못하는 사람도 있습니다. 어쨌든 대부분의 20대 여러분은 자신이 어떻게 쓰일 사람인지 고민을 시작하는 때입니다. 세상에 같은 사람이 없듯이 우리는 모두 다르게 쓰일 것입니다. 서로 다른 쓰임에 옳고 그름은 없습니다.

의미 있는 삶이란 무엇인지 저 역시 찾고 있습니다. 언제쯤 다 알 수 있을까요? 요즈음 조금은 알 듯도 합니다. 다음은 얼마 전 저의 수업을 들었던 학생이 보내준 편지입니다.

이운영 교수님

안녕하세요!

2021년도 2학기에 정신건강 수업을 들었던 OOO입니다.

한 해를 마무리하고, 새로운 한 해를 맞이하면서

교수님께 감사하다는 말씀을 전하고 싶어서

메일을 드리게 되었습니다.

교수님 수업을 너무 듣고 싶어서 다른 전공과목도 제쳐두고

정신건강을 1순위에 두고 수강 신청했는데 성공을 하고서

너무 기뻤던 기억이 납니다.

정말 듣고 싶었던 과목이었는데 항상 들으면서도 따뜻하고

다정한 교수님 덕분에 힐링하는 시간이 되었습니다.

예전에는 굳이 대학을 가지 않고 취업을 하고 싶다는 생각도

했는데 교수님 수업을 들으면서 대학교가

꼭 지식만을 배우는 곳이 아니라

*삶의 태도를 배우는 곳*이라는 생각을 할 수 있었고,

*또 저 자신에 대해서 더 잘 알 기회*가 되기도 했습니다.

앞으로도 교수님 말씀을 기억하면서

성실하고 열심히 살면서 선한 영향력을 주는 사람이

될 수 있도록 노력하겠습니다.

교수님께 수업을 들을 수 있어서 영광이었습니다.

날이 춥지만 언제나 건강하셨으면 좋겠습니다.

교수님 정말 감사합니다.

새해 복 많이 받으세요!

OOO 올림

학기가 끝나갈 무렵이면 학생들의 메일을 받는 경우가 종종 있습니다. 성적 문의나 이의 신청 메일입니다. 그런데 성적처리가 끝난 12월 말쯤에 한 학생으로부터 메일을 받았습니다. 성적처리와 무관한 시기에 정성스럽게 써 보내준 글을 읽으면서 참 행복했습니다. 저의 쓰임이 이런 것이었나 봅니다. 저는 이 맛에 살고 있습니다.

지금까지 저의 수업을 들어주셔서 감사합니다. 다음 수업에서 뵙겠습니다.

대학생을 위한
정신건강 수업

초판 1쇄 발행 2023. 7. 5.

지은이 이운영
펴낸이 김병호
펴낸곳 주식회사 바른북스

편집진행 황금주
디자인 양헌경

등록 2019년 4월 3일 제2019-000040호
주소 서울시 성동구 연무장5길 9-16, 301호 (성수동2가, 블루스톤타워)
대표전화 070-7857-9719 | **경영지원** 02-3409-9719 | **팩스** 070-7610-9820

•바른북스는 여러분의 다양한 아이디어와 원고 투고를 설레는 마음으로 기다리고 있습니다.

이메일 barunbooks21@naver.com | **원고투고** barunbooks21@naver.com
홈페이지 www.barunbooks.com | **공식 블로그** blog.naver.com/barunbooks7
공식 포스트 post.naver.com/barunbooks7 | **페이스북** facebook.com/barunbooks7

ⓒ 이운영, 2023
ISBN 979-11-93127-51-3 03180